RAPPORT

SUR

LA LAINE

ET

SUR SES PRODUITS MANUFACTURÉS.

RAPPORT

SUR

LA LAINE

ET SUR

SES PRODUITS MANUFACTURÉS

PAR

E. R. MUDGE,

Commissaire des États-Unis, à l'Exposition universelle de 1867.

(Traduit par Jules LAVERRIÈRE, correspondant de la Société centrale
d'agriculture de France.)

PARIS

IMPRIMERIE ET LIBRAIRIE D'AGRICULTURE ET D'HORTICULTURE
DE M™ᵉ Vᵉ BOUCHARD-HUZARD,
RUE DE L'ÉPERON, 5.

1872

A Monsieur le Président de la Société centrale d'agriculture de France.

MONSIEUR LE PRÉSIDENT,

Dans la séance du 30 mars 1870, vous m'avez chargé de traduire en français un Rapport sur les laines et lainages, par MM. Mudge et Hayes, commissaires des États-Unis, à l'Exposition universelle de 1867.

J'ai l'honneur, monsieur le Président, de remettre aujourd'hui ce travail, en vous priant d'accueillir avec indulgence la forme française donnée à l'œuvre originale américaine.

Avec l'impartialité qui était leur devoir, mais avec une bienveillance dont on doit leur savoir gré, MM. Mudge et Hayes, tout en signalant nos côtés faibles, ne laissent échapper aucune occasion de rendre un hommage sympathique à la France, aux heureuses qualités artistiques et industrielles dont son peuple est doué, au génie supérieur de ses savants, aux recherches et aux découvertes que l'humanité leur doit. A plusieurs reprises, ils citent avec admiration les travaux de plusieurs membres de cette honorable compagnie, entre autres ceux de notre vénérable et illustre Président, de M. de Quatrefages, de M. Gayot, etc.

Je ne crois pas me tromper en disant que les agriculteurs, les industriels et les économistes français qui voudront parcourir ces pages y trouveront plus d'une indication utile ; ils y puiseront en même temps une consolation bien douce, car l'esprit qui a présidé à la rédaction des Rapports américains forme un contraste frappant avec celui des Rapports prussiens sur le même sujet, dont j'ai cru, à titre de comparaison, devoir joindre quelques extraits à ce travail.

Veuillez agréer, monsieur le Président, l'hommage de mes sentiments les plus respectueux et les plus dévoués.

J. Laverrière.

RAPPORT

SUR

LA LAINE ET SUR SES PRODUITS MANUFACTURÉS.

INTRODUCTION.

Chargé de faire un rapport sur la laine et sur ses produits manufacturés, l'auteur n'avait d'abord l'intention que d'exprimer les impressions générales éprouvées pendant ses visites à l'Exposition universelle de 1867. Dans sa pensée, ce travail devait simplement contenir les observations d'un homme versé dans les affaires et s'intéressant à la question, plutôt que celles d'un homme compétent au point de vue technique. Cette manière de voir n'a pas été celle du ministre d'État des États-Unis, qui, au contraire, a exprimé le désir que ce rapport envisageât, d'une manière plus large et plus complète, une partie aussi importante de l'industrie nationale.

En conséquence, les observations personnelles de l'auteur se sont renforcées et complétées par des renseignements sur la condition présente de l'industrie lainière en Amérique et à l'étranger, par des données statistiques empruntées aux sources les plus sûres, susceptibles d'éclairer l'influence que cette grande industrie exerce sous le rapport économique et social.

Pour la rédaction de ce travail, l'auteur a été assisté par M. John E. Hayes, secrétaire de l'Association nationale des fabricants de tissus de laine.

SECTION I.

DE LA LAINE ET DE SA PRODUCTION.

Sommaire. Variétés des laines sur les marchés d'Europe. — Nécessité de protéger les laines d'Amérique.—Laines de carde.— Laines de carde de Silésie et de Prusse. — Utilité qu'il y aurait à produire des laines de carde fines aux États-Unis.—Laines de carde américaines.—Bêtes à laine du Vermont demandées en Australie. — Laines de peigne mérinos. — Éducation des bêtes à laine en France. — Laines de peigne anglaises. — Moutons de la race cheviot. — Problèmes à résoudre par la production lainière aux États-Unis. — Importance considérable de la production lainière en Russie. — Exemption des droits à l'importation des bêtes à laine destinées à la reproduction.

Laine brute. — En se plaçant, pour commencer, au point de vue de la laine brute, le fabricant américain qui examinait les lainages envoyés à l'Exposition universelle de 1867 par l'industrie européenne était aussitôt frappé d'un fait d'importance primordiale : c'est que les fabricants d'Europe disposent d'un approvisionnement illimité de laines et d'autres matières premières, sans avoir à payer des droits d'entrée. En Europe, les gouvernements ont su se dégager des préjugés et des pressions que les agriculteurs américains ont su si bien mettre en œuvre, et ils ne se sont laissé guider que par une considération majeure qui consiste à développer avant tout l'industrie de leurs contrées respectives. Ils ont compris que l'on pouvait protéger l'industrie autrement que par des prohibitions, et que l'entrée en franchise des matières premières et des farineux était, au fond, une protection infiniment plus efficace.

On a d'ailleurs reconnu en Europe que vouloir encourager les producteurs de laine par des droits d'entrée sur cette matière première était une mesure désormais sans objet. En effet , les droits protecteurs sont impuissants à étendre cette industrie sur le vieux continent, où tous les terrains favorables à ce genre de production sont déjà occupés. En Angleterre, il y a un mouton par **70** ares de territoire, tandis que l'on rencontre un mouton par **1.80** hectare dans l'Ohio et le Vermont; par **2.62** hectares, dans le New-York; par **9.71** hectares dans l'Iowa, et par **23** hectares dans tous les Etats-Unis.

D'un autre côté, la perfection à laquelle sont parvenues les principales variétés de laines européennes les place au-dessus de toute concurrence possible, et rend inutiles tous les droits protecteurs. Il n'y a pas de laine de peigne brillante capable de rivaliser avec les laines anglaises de *Lincoln*, de *Leicester* et de *Cotswold ;* les laines de carde de *Saxe* et de *Silésie* n'ont pas leur égale, et l'on n'a rien pu produire de comparable aux laines frisées, si souples et si douces, du troupeau de *Rambouillet*. Dès que ces dernières eurent atteint une perfection suffisante pour rendre toute concurrence impossible, les droits qui les protégeaient furent levés. La mesure était tellement indiquée, que les agriculteurs français eux-mêmes consentirent, sans trop de résistance, à l'abolition des droits d'entrée sur la laine.

Toute laine non consommée sur place se dirige vers l'Angleterre, devenue le grand marché régulateur du monde, grâce à son système d'entrepôt, éminemment favorable aux transactions distributives. Chaque année, on voit accourir à Londres les manufacturiers de l'Europe entière, attirés par les ventes qui s'y opèrent périodiquement.

Mais l'Europe ne produit qu'en minime proportion les laines nécessaires à sa consommation. Pour y suffire, elle est obligée d'en importer de tous les points du globe, et ces importations se sont accrues d'une manière étonnante, comme le prouvent les chiffres suivants :

En **1830**, l'Angleterre importait en chiffres ronds :

D'Allemagne.	74.000	balles.
D'Espagne et de Portugal.	10.000	—
Des colonies britanniques.	8.000	—
D'autres provenances.	5.000	—
Total.	97.000	balles.

A cette époque, on tenait cet approvisionnement pour excessif, car un document présenté à la Chambre des lords, **en 1828**, nous apprend que les entrepôts regorgeaient de laines brutes, et que le stock d'alors était considéré comme devant suffire aux besoins des cinq ou six années suivantes. Ces prévisions ne devaient pas tarder à être singulièremen démenties, comme on peut le voir par les importations de **1864**, dont voici les chiffres :

Laines d'Australie.	302.000	balles.
— du cap de Bonne Espérance. . . .	68.000	—
— de l'Amérique du Sud.	99.000	—
— d'autres provenances.	219.336	—
En tout.	688.336	balles.

Actuellement, l'Australie à elle seule fournit le triple de la laine étrangère consommée, en Angleterre, il y a trente ans à peine, et la production lainière de l'Amérique du Sud dépasse la consommation totale de la même époque.

Nécessité de protéger les laines d'Amérique. — On voit, par ce qui précède, combien la situation du fabricant européen, comparée à celle du fabricant américain, est supérieure ; les avantages que possède le premier à pouvoir s'approvisionner indéfiniment de toutes les variétés possibles de laines brutes sont inappréciables. Tandis que l'Américain, placé sous un régime presque prohibitif, est obligé de borner sa fabrication à l'emploi des laines lisses et frisées qu'il tire des troupeaux indigènes, l'Européen a la faculté de choisir librement parmi toutes les matières particulières aux climats et aux sols les plus divers que le monde entier expédie vers les grands centres distributeurs de Londres et de Liverpool. De là cette variété infinie de produits européens, si remarquables et si remarqués à l'Exposition ; de là aussi, pour le fabricant européen, des facilités incomparables pour dérouter la concurrence en changeant à son gré le caractère et l'aspect de sa marchandise. On a cherché, il est vrai, à donner une fiche de consolation au fabricant américain en frappant les tissus étrangers d'un droit équivalant aux droits d'importation sur la laine brute. Mais cette compensation, qui lui permet de lutter à grand'peine avec le fabricant européen, est indispensable pour qu'il puisse vivre ; sans elle, il ne tarderait pas à succomber.

En faisant ressortir les avantages qu'il y a à pouvoir se procurer librement et aisément un grand choix de matières premières affranchies de droits d'importation, l'auteur ne prétend nullement recommander aux Etats-Unis le système britannique et demander l'entrée en franchise des matières premières qui peuvent se produire avantageusement sur le sol américain ; il ne prétend pas non plus que le producteur de laine doive se trouver suffisamment encouragé par une protection accordée au fabricant. Mais il faut reconnaître que, pour développer la civilisation américaine dans toute sa plénitude, il est indispensable que toutes nos industries soient soutenues contre le bas prix du capital et de la main-d'œuvre chez les nations qui nous font concurrence. Dans cet ordre d'idées, le travail qui produit la laine ne saurait être séparé de celui qui la file ou la tisse. D'ailleurs, les intérêts de l'indépendance nationale exigent que nous tirions, autant que possible, tous nos approvisionnements de notre propre fonds. C'est alors que le fabricant pourra avoir la certitude d'une prospérité durable, car ses approvisionnements en matières premières ne seront plus subordonnés aux éventualités de guerre, de famine, de maladies ou de révolutions politiques, qui peuvent compromettre la production du dehors et les communications avec l'étranger. Pour le fabricant de lainages américains, comme pour l'éducateur de bêtes à laine, il n'y a de vrai débouché que le marché intérieur, et ce marché ne saurait être avantageux à l'un et à l'autre qu'à la condition que l'activité industrielle du pays tout entière trouve à s'employer d'une manière profitable.

Il est donc évident que le système économique réclamé par les États-Unis dans l'intérêt de leur prospérité industrielle doit respecter également les exigences du producteur de laine et celles du fabricant. Toutefois, et pour ce qui concerne le sujet qui fait l'objet spécial de ce rapport, s'il arrivait que, dans le cours de ce travail, des changements ou modifications du système de tarifs actuellement en vigueur fussent indiqués, il faudrait les considérer comme de simples propositions soumises à l'examen des producteurs de laine. Ceux-ci pourraient, à leur tour et comme c'est leur droit, se consulter et se mettre opportunément en rapport avec les représentants des industries voisines de la leur, afin de demander les droits qu'ils jugeraient nécessaires pour se protéger d'une manière efficace.

LAINES FRISÉES OU DE CARDE.

Laines de Prusse. — Parmi les laines dont la production est très-limitée aux Etats-Unis, mais qui, au contraire, paraissent abonder en Europe, le fabricant américain remarque en première ligne les laines frisées de *Silésie* et de la *Saxe.* Les toisons sont peu volumineuses ; la fibre (brin), extrêmement fine, se distingue par la netteté et le nombre de ses ondulations ; la mèche est très-courte, et la laine supérieurement douée de propriétés feutrantes. Finesse et mèche courte sont les deux qualités essentielles pour fabriquer les draps larges et les doskins, genre d'étoffes que les Allemands excellent à produire. De toutes les laines, ce sont celles-ci qui ont la plus haute valeur.

Ce genre de laines a atteint sa plus grande perfection en Prusse. On admirait surtout celles de M. Dœpping, éleveur de Silésie, courtes de mèche, et dont le brin se caractérise par la netteté et la régularité des ondulations, à tel point que l'on aurait pu croire à une préparation mécanique.

Laines d'Australie. — Immédiatement après les laines de Prusse, on peut citer les laines d'*Australie,* également remarquables par la finesse du brin et par la hauteur minime de la mèche. Admirablement conditionnées, elles témoignent des soins apportés au lavage et à l'emballage. Elles se trouvaient en si grandes quantités à l'Exposition, que l'on aurait pu s'imaginer être au centre de quelques-uns des grands entrepôts de Londres.

Laines du Cap et de Buenos-Ayres. — Viennent ensuite les laines du *cap de Bonne-Espérance,* et, pour terminer la série, celles de *Buenos-Ayres* que l'on peut ranger au bas de l'échelle des laines frisées, tant pour la qualité que pour le prix.

Comme produits de la race mérinos, cè sont sans contredit les laines d'Allemagne et de Silésie qui représentent le plus haut type existant. L'éleveur de cette race ovine ne se préoccupe jamais du poids de la toison ; son unique objectif, c'est la finesse du brin et la mèche courte.

Les laines de cette catégorie sont indispensables au remplissage dans la fabrication des étoffes, et, sans elles, il est inutile de tenter la confection des draps unis et des doskins. C'est pourquoi les Etats-Unis, où ces laines sont rares et insuffisantes pour des besoins sérieux d'industrie, importent d'Allemagne les draps unis noirs, les casimirs et les doskins.

En ce qui concerne l'habileté manufacturière pour ce genre de fabrication, il ne serait pas difficile de la rencontrer, comme le prouvent les étoffes exposées par M. Slater, du Rhode-Island. Au reste, les difficultés industrielles pourraient se surmonter en important des ouvriers allemands, et plusieurs centaines d'ateliers trouveraient aisément de quoi fournir à la consommation intérieure de ces produits. De là, deux avantages principaux : le premier, pour l'éducateur américain qui pourrait fournir immédiatement les laines pour chaînes représentant les deux cinquièmes de la laine totale, nécessaire à la fabrication de ces étoffes, ce qui leur ouvrirait un surcroît de débouché; le second, pour le fabricant qui, mis à même de varier ses produits, détendrait la concurrence que sont obligés de se faire ceux qui sont forcés à ne fabriquer que les mêmes genres d'étoffes. Les metteurs en œuvre de la matière première trouveraient ainsi des profits nouveaux, ce qui leur permettrait de mieux rémunérer les produits de l'éleveur.

Mais le grand problème à résoudre pour l'industrie drapière des Etats-Unis, c'est de savoir comment on pourra s'assurer une fourniture constante de laines de carde. Selon nos éleveurs, rien n'est plus aisé que de les produire sur notre territoire, et les résultats satisfaisants obtenus en Tennessee, en Pensylvanie et en Virginie sembleraient confirmer cette opinion. D'un autre côté, nous apprenons avec plaisir que l'on commence à importer des béliers reproducteurs de choix, empruntés aux meilleurs types de la Silésie. Ce sont là des efforts extrêmement intéressants pour le fabricant américain, car ils lui permettront de développer, dans un avenir prochain, la fabrication des étoffes fines; ce qui, pour le moment, lui est impossible. Aussi, doit-il tous ses encouragements aux tentatives des producteurs de laine, et se montrer scrupuleux dans le discernement des qualités offertes, afin de mesurer les prix aux résultats obtenus.

La production des laines frisées surfines est moins une question de sol que de climat, mais est surtout une question de profit. On peut être assuré qu'on trouvera moyen d'y arriver, pourvu qu'on soit sûr d'en obtenir un prix rémunérateur.

Quoi qu'il en soit, ce sont les producteurs de laine qui résoudront le problème de la fabrication des étoffes fines unies aux Etats-Unis, car eux seuls peuvent savoir si les laines nécessaires peuvent s'obtenir ici, et, dans le cas contraire, s'il ne serait pas rationnel de les importer, en les frappant d'un droit modéré. En effet, si l'élève des moutons surfins n'était possible que sur une échelle restreinte, le bénéfice n'aurait qu'une importance minime. Dans ce cas, il s'agirait de savoir si la masse des éleveurs n'aurait pas son intérêt à permettre l'introduction des laines surfines d'Allemagne et d'Australie, moyennant un droit modéré, et par là à développer la fabrication des étoffes fines qui, conjointement avec les laines importées, utiliserait, pour la confection de ces étoffes, une quantité considérable de laines indigènes aujourd'hui sans emploi. Bien entendu, les laines étrangères provenant de métis seraient prohibées, puisqu'elles viendraient faire concurrence aux laines ordinaires américaines.

En fin de compte, le développement de l'industrie drapière, soit par la production sur notre sol des laines requises, soit par leur admission avec un droit léger, soit par l'importation des laines extra-fines frappées d'un droit spécifique plus élevé, dépend entièrement des éleveurs américains. Il vaut infiniment mieux renoncer à la fabrication des étoffes fines, plutôt que de troubler l'harmonie qui existe aujourd'hui entre la branche agricole et la branche industrielle de l'intérêt lainier, harmonie si nécessaire à sa stabilité et à sa prospérité.

LAINES DE CARDE AMÉRICAINES.

Dans tout ce qui vient d'être dit, il doit être bien entendu que les laines ci-dessus sont désirables, non comme substitution, mais comme addition à la grande masse actuelle des laines américaines. Celles-ci, en 1866, donnaient un produit annuel estimé à 45 millions de kilogrammes, quantité équivalente aux deux tiers environ de toute la laine manufacturée aux Etats-Unis. Elle est fournie par 30 millions de têtes ovines, consommant près de 11 millions d'hectolitres de Maïs.

Cette laine, qui fait le fond de nos ressources industrielles, est de qualité moyenne, et provient de moutons mérinos de finesse variable. Sa valeur, en vue des besoins particuliers auxquels elle répond, est démontrée par les étoffes propres à l'Amérique, sur lesquelles nous aurons l'occasion de revenir. Plus la population des Etats-Unis se développera, plus sa consommation est destinée à s'accroître.

On est fondé à croire que le *mérinos américain*, race nouvelle, admise aujourd'hui et originaire du Vermont (1), fournit, par tête, plus de laine lavée qu'aucune autre variété mérine, le mérinos français excepté. Cependant, les fabricants se plaignent assez souvent du caractère graisseux de nos laines moyennes, reproche qui s'adresse surtout à la laine provenant d'animaux de concours. Mais il ne faut pas oublier que l'abondance du suint favorise le rendement de la laine.

Il est de l'intérêt du manufacturier et du pays que le système d'élevage adopté par le producteur de laine fournisse la plus forte quantité possible de laine épurée aux moindres frais pour l'éleveur. Par conséquent, la proportion de suint permise et favorable au profit du cultivateur doit être déterminée par les associations d'éleveurs en voie de formation aux Etats-Unis et dont quelques-unes sont conduites avec une intelligence que l'on ne rencontre dans aucune autre branche agricole. Elles auront à examiner si l'inconvénient du suint en excès, à supposer que le suint soit un inconvénient, ne pourra pas se corriger par l'infusion d'un nouveau sang dans les troupeaux.

Un fait très-intéressant et très-instructif en faveur du mérinos américain a été signalé par M. Bowes, le célèbre marchand de laine de Liverpool. On recherche maintenant les béliers du Vermont, pour donner du corps et de la qualité aux laines de la Nouvelle-Zélande.

---

(1) Voir aux appendices un article intitulé : *Du mérinos américain,* par le Dr Randall.

LAINES DE PEIGNE MÉRINOS.

Ces sortes de laines exposées au palais de l'Exposition étaient remarquables par la douceur et par la longueur du brin. Celles de France, et celles d'Australie qui dérivent des races ovines françaises, dominaient par leur supériorité les laines de toutes les autres provenances. Leurs brins allongés, susceptibles d'être peignés, les rendent particulièrement propres à ces admirables tissus destinés aux vêtements de femmes, tels que thibets, cachemires et mérinos, qui constituent les produits caractéristiques du siècle présent. La France produit des laines de cette catégorie comme on n'en produit nulle part, et ce privilége a été cause qu'elle a pris la tête dans la fabrication de ces tissus. En Angleterre, les tentatives de ce genre de fabrication n'ont eu lieu que lorsque l'Australie a pu fournir des laines de qualités analogues.

'M. Benoville, dans son admirable étude sur les laines de peigne de France, dit ce qui suit :

« Nous devons reconnaître deux faits. Le premier, c'est
« que, sans l'introduction de la race espagnole dans nos
« troupeaux et sans l'habileté de nos agriculteurs, nous en
« serions encore réduits à vivre aux dépens de nos voisins
« et à nous habiller avec leurs étoffes. C'est à l'admirable
« révolution opérée dans l'élève des bêtes ovines que nous
« sommes redevables de la magnifique industrie qui file les
« laines de peigne mérinos. C'est à elle que nous devons la
« splendeur de nos tissages de laine de peigne à Paris, à
« Reims, à Roubaix, à Amiens et à Saint-Quentin.

« Le second fait, c'est que l'aspect, la qualité, le carac-
« tère de nos tissus modernes, en un mot tout ce qui leur
« fait mériter, depuis quarante à cinquante ans, le nom de
« découvertes nouvelles, sont dus principalement à la na-
« ture particulière de la laine de peigne obtenue par les
« croisements de la race espagnole. Peu, très-peu des dis-

« positions dans la contexture des étoffes, ou dans leur mon-
« tage sur les métiers, sont restées semblables à celles du
« xviiiᵉ siècle. C'est parce que le xixᵉ siècle a été favorisé
« par la laine mérinos qu'il a changé la physionomie des
« tissus des temps passés. »

Les mérinos français sont élevés en vue de produire de
la laine susceptible d'être peignée, parce que cette laine est
celle qui atteint les plus hauts prix. Ils sont d'une taille peu
commune, et ils donnent des toisons d'un poids extraordinaire.

On a essayé d'introduire ces animaux aux États-Unis ; mais
ils n'ont pas répondu à l'attente des cultivateurs. Ils manquaient de la rusticité nécessaire sous notre système de
culture ; et la sorte de laine qu'ils produisent ne trouvait
pas son emploi dans notre industrie.

Mais il ne saurait y avoir de difficulté à greffer la race
française sur le mérinos américain. Nous arriverons, par un
tel croisement, à modifier notre race indigène et à produire
chez nous une matière première capable d'imiter les produits français, si importants pour ce pays, et dont une si
forte part vient s'écouler dans nos contrées.

ÉLÈVE DES BÊTES A LAINE EN FRANCE.

Comme il est du plus haut intérêt, pour le fabricant aussi
bien que pour l'agriculteur, que l'élève des bêtes à laine
devienne profitable aux États-Unis, il sera utile d'éclairer
cette question en indiquant les tendances des éleveurs français dans le but d'obtenir à la fois de la laine et de la viande
dans l'éducation de la race mérinos.

Sous ce rapport on trouve des renseignements intéressants dans une note sur les mérinos exposés à Billancourt
en 1867, publiée par M. Gayot, membre de la Société centrale d'agriculture de France. Après avoir rappelé l'impulsion donnée à l'agriculture et à l'industrie françaises par le
développement des troupeaux de race espagnole à Ram-

bouillet, et la tendance à n'élever le mérinos qu'en vue de
la laine qui avait prévalu pendant nombre d'années, il arrive
à montrer les premiers effets de l'importation des laines
étrangères. Sous l'influence de cette importation, une baisse
de prix se déclara sur les laines produites en France, et les
éleveurs, au désespoir, débattirent la question de savoir s'il
ne vaudrait pas mieux renoncer entièrement au mérinos,
pour se livrer à l'élève des moutons à laine longue et à
viande, d'après le système anglais qui commençait alors à
faire des prosélytes. L'agitation, quoique vive, ne parvint
pas à détrôner le mérinos, mais entraîna des modifications
considérables. On finit par reconnaître qu'il n'y avait pas
incompatibilité entre la production d'une très-bonne qualité
de laine et d'une quantité suffisante de viande. De ce mouvement est né le mouton actuellement produit en France,
susceptible de fournir de la laine de finesse moyenne, très-
appréciée dans l'industrie, en même temps que de la viande
de boucherie satisfaisante au point de vue de la quantité et
de la qualité.

« Le mérinos moderne, dit M. Gayot, est bien conformé;
« sa croissance est rapide; il fournit en abondance de la
« laine de moyenne finesse, mais d'une qualité très-recher-
« chée pour la fabrication de tissus de moyenne qualité,
« dont la consommation ne cesse d'augmenter. Il se nourrit
« facilement; il est plus rustique et plus robuste que les
« races étrangères; il s'engraisse bien, et à tout âge, et
« fournit une viande qui peut soutenir avantageusement la
« comparaison avec toute autre, et qui est notablement
« moins chargée de graisse que les races soi-disant perfec-
« tionnées d'Angleterre. »

Cette dernière observation n'échappera pas aux Américains; la graisse excessive des moutons anglais ne ré-
pugne pas au consommateur britannique, mais est profondément antipathique au consommateur des Etats-Unis.

« Personne ne peut nier, disait M. des Farges en 1863,
« que les éleveurs en France qui ont fait de bons appareil-

« lements en vue d'obtenir simultanément la laine et la
« viande sont arrivés à autant de précocité et de poids avec
« les mérinos à laine moyenne qu'avec les races à viande.
« J'ai vu un agneau de sept mois, tué par accident, qui a
« donné 24 kilog. de viande nette et 4,50 kilog. de suif; sa
« peau valait environ 8 francs. Un autre agneau de
« neuf mois et demi a fourni, en viande, 32 1/2 kilog., et
« en suif 3,930 kilog.; la peau fut vendue pour 10 francs.
« L'éleveur dont je parle vend régulièrement au boucher
« ses bêtes grasses à 30 francs par tête âgée de 6 mois, toi-
« son comprise, et sur place, à 60 francs quand elles ont
« dix-huit mois, à 80 francs quand elles ont trente mois. »
Après avoir décrit l'ancien mérinos, M. Gayot montre les
changements apportés au mérinos français actuel; voici
comment il s'exprime : « Les améliorations de la nouvelle
« race avaient à remplir un autre programme. Auparavant
« il n'y avait à se préoccuper que de produire de la laine
« courte; les exigences nouvelles devaient entraîner des
« modifications profondes dans la peau. En effet, les plis de
« la peau ont disparu; le corps, devenu plus ample, s'est
« allongé tout en se rapprochant de terre; il est plein,
« plus charnu et moins osseux. Il est de fait physiologique
« constant que, dans une race donnée, moins le squelette
« est développé, plus la mèche s'allonge dans la toison.
« Voilà bien, en conséquence, les nouveaux caractères dé-
« duits physiologiquement l'un de l'autre : structure plus
« cylindrique; diminution dans le volume des os; dispari-
« tion des plis de la peau; suppression des cornes; diminu-
« tion notable du volume de la tête et des difformités qui la
« déshonoraient; extension de la laine sur les parties du
« corps où auparavant il n'y avait que des brins sans qua-
« lité ni valeur; morceaux de choix, côtelettes et gigots,
« prenant des formes plus accusées et augmentant de poids;
« laine de qualité moyenne devenue plus abondante, à la
« fois plus douce et plus longue; croissance de l'animal

« plus rapide ; engraissement plus facile ; rendement en
« viande plus grand et qualité meilleure. »

La nouvelle race mérinos s'adapte si bien aux contrées
fertiles et populeuses de la France, qu'à Billancourt les exposants de la petite race negretti ont cru devoir justifier
leurs produits par l'avis suivant affiché à l'entrée des stalles :
« Dans les pays pauvres, à culture peu avancée, où le pâtu-
« rage est maigre et où le prix de la viande ne couvre pas
« les frais de production, la laine est le principal et souvent
« l'unique produit du mouton. De là la nécessité pour nous
« d'obtenir autant de laine que possible sur des animaux de
« petite taille et faciles à nourrir. »

Aux agriculteurs américains à décider si les faits rapportés ci-dessus sont susceptibles d'une application pratique
dans leurs localités respectives.

Laine de peigne anglaise.

Par la possession des races de bêtes à laine longue, l'Angleterre a conquis la plus grande partie de sa suprématie
manufacturière, car les étoffes façonnées obtenues par les
laines de peigne sont d'un emploi bien plus général que les
étoffes fabriquées avec de la laine de carde, d'autant plus
qu'elles admettent l'association du coton et que, par là,
elles favorisent l'industrie cotonnière. Plus de la moitié de
la laine d'Angleterre, dont le produit annuel est d'environ
125 millions de kilogrammes, est soumise au peignage ; la
laine mérine n'est pas cultivée dans les îles.

Pour l'agriculture et l'industrie manufacturière d'Amérique il n'y a pas de question plus capitale, plus étroitement
liée à cette autre question vitale de la vie à bon marché,
que celle de savoir s'il convient de produire abondamment
le mouton à laine longue. Actuellement, la consommation de
cette laine ne dépasse pas 3 millions de kilogrammes aux
États-Unis. La fabrication des étoffes rases ne rencontre chez
nous aucune entrave au point de vue technique ; son dé-

veloppement est uniquement subordonné à l'abondance plus ou moins grande de la matière première. Dès l'instant que la production des laines longues s'opérera sur une large échelle, l'industrie qui les utilise aura bientôt conquis sa place à côté de la fabrication drapière, et ainsi doublé nos ressources manufacturières.

Reste donc à savoir si aux États-Unis la production des laines longues est non-seulement possible, mais encore avantageuse. A cet égard le doute n'est plus permis. Ainsi que les faits l'ont démontré, il n'existe aucun obstacle physique, tenant au sol et au climat, qui s'oppose à l'élève des races anglaises à laine longue de peigne sur le nouveau continent. Dans le haut Canada, elles prospèrent admirablement, et c'est encore de cette contrée que nous tirons la plus forte partie des laines de peigne dont nous avons besoin, grâce au traité de réciprocité qui nous permet de les importer sans payer des droits, ce qui nous a fortement aidés à donner de l'impulsion à nos fabrications ; en même temps qu'au Canada on réussit à produire avantageusement ces laines dans les environs de Cleveland (Ohio), et dans le Kentucky, où une nouvelle race à laine longue paraît s'être constituée. Il semble que ce qui, dans ces derniers temps, a favorisé l'extension de ces races dans les environs des grandes villes, c'est qu'on en retire trois profits distincts : viande, agneaux et laine, chacun d'eux arrivant au marché à des époques différentes.

Comparées aux laines de carde, les laines de peigne ont considérablement augmenté de valeur, et, selon toutes probabilités, leur valeur augmentera encore. Des toisons anglaises qui, en 1855, valaient 1 fr. 40 c. se vendaient 2 fr. 90 c. en 1864. Elles avaient plus que doublé de prix, pendant que les laines de carde avaient eu de la peine à se soutenir. D'où vient cette différence ? uniquement de ce que, en présence d'une demande ascendante de laines longues lustrées pour fabriquer les étoffes façonnées, l'étendue consacrée à leur production a à peine varié et est restée confinée à l'Angle-

terre, à la Hollande, et à certaines parties de l'Allemagne.
Pour les laines courtes, l'inverse avait lieu, et, tandis que la
draperie n'augmentait pas sensiblement sa consommation,
la culture des laines fines s'étendait dans les vastes régions
de l'Australie, du cap de Bonne-Espérance et des États de la
Plata.

Les agriculteurs américains sont loin d'être d'accord sur
les avantages qu'il y aurait à produire de la laine avec les
races anglaises aux États-Unis. Ainsi, le président de la
Société d'agriculture de la Nouvelle-Angleterre affirme
que le mouton à viande anglais ne convient ni à notre
climat ni à notre sol, qu'il ne pourrait vivre dans les immenses pâturages parcourus par des troupeaux qui comptent par milliers, et qu'il serait tout aussi déplacé chez le
petit cultivateur, incapable de lui fournir la nourriture
abondante dont il a besoin. Par contre, le président de l'Association nationale des producteurs lainiers, peut-être avec
plus de discernement, prétend que l'on peut élever avec
avantage les cotswolds et les leicesters dans l'Etat de
New-York, que placés sur des terres riches, à l'abri de la
sécheresse et susceptibles de la culture des racines, dans des
contrées en communications faciles avec de bons marchés à
moutons, ils fourniraient simultanément viande et laine avec
profit; enfin, il ajoute que ces races sont fort estimées par
les fermiers nourrisseurs et par les cultivateurs de grains
qui n'aiment à tenir qu'un nombre limité de bêtes à laine.

Si les droits élevés qui frappent les laines de peigne par-
viennent à relever le niveau de leur production aux États-Unis,
il conviendra sans doute de les maintenir ; mais si, après une
expérience raisonnablement prolongée, ils n'atteignaient
pas ce résultat, le grand corps, si intelligent, des producteurs de laine arrivera à admettre qu'il sera plus avantageux, pour tout le monde, que les droits protecteurs soient
rabaissés de façon à ne plus être que des droits fiscaux. Il
comprendra qu'il est de l'intérêt du producteur américain
de laine mérinos à ce que l'industrie des étoffes rases

puisse progresser en ayant la facilité de se procurer des laines longues ; en se développant, cette industrie est forcée d'accroître sa demande en laine mérinos, afin de fabriquer les étoffes moelleuses et fines dont il a été question plus haut, car les deux sortes de laine sont indispensables à une fabrication prospère, l'une fournissant les filés de chaîne, l'autre les filés de trame (1).

RACE DU CHEVIOT.

Il existe une race ovine qui produit une laine adaptée au peignage et à des spécialités d'étoffes drapées, qui pourrait rendre de grands services aux Etats-Unis, où elle a été trop négligée jusqu'ici. C'est la race du Cheviot, très-répandue en Ecosse, où elle a remplacé l'ancienne race des Highlands, et qui constitue le principal revenu des vastes domaines appartenant aux nobles familles de Breadalbane, d'Argyle, d'Athol, de Sutherland et de Buccleugh.

En introduisant cette race aux Etats-Unis, on en ferait surgir une matière première de haute valeur et de grande nécessité pour nos fabricants. Sa laine est assez longue pour être peignée et pour être convertie en filés-tors. Elle est plus fine que la laine du cotswold, et peut avantageusement se mêler aux laines de peigne anglaises. Nos fabricants d'étoffes façonnées (worsted), familiarisés avec les manipulations de cette laine en Ecosse, en considèrent l'acquisition comme infiniment désirable en vue de certaines nécessités de peignage.

La laine des cheviots, pure ou mélangée, donne le caractère particulier qui distingue les *tweeds* et les casimirs écossais, ainsi que les châles de qualité inférieure. On l'emploie aussi en grande quantité, à Rochdale, pour les couvertures, à la fabrication desquelles elle convient parce

---

(1) Voir la lettre de M. Walworth sur *les laines de peigne* à l'appendice.

qu'elle **résiste** mieux au feutrage que les laines mérinos. Toutes ces étoffes ont pour base la laine cheviot, à laquelle on associe des laines plus fines, afin de varier la contexture des tissus. Ce dernier point a été constaté par M. Bowes, qui remarque que ces étoffes doivent leur apparence originale à de la laine longue et commune mélangée à de la laine courte et fine.

Comme physionomie générale, les cheviots ressemblent aux leicesters ; ils n'ont pas de cornes ; la face et les pieds sont blancs ; la taille, seulement, est beaucoup plus petite. En revanche, ils sont supérieurs aux leicesters par leur rusticité, car ils prospèrent dans des conditions de nourriture et de vie en plein air où ces derniers périraient. Protégés par leurs toisons tassées et closes, qui empêchent la pluie et la neige de pénétrer, ils supportent, avec une impunité relative, les tempêtes des montagnes d'Ecosse et s'entretiennent convenablement sur de maigres pâturages. Grâce à leurs membres suffisamment longs, ils peuvent circuler, faire de longs parcours, traverser des marais et des neiges, ce qui serait impossible à des animaux à jambes courtes. En Ecosse, on ne leur donne pas d'autre nourriture que l'herbe naturelle produite par leurs collines et leurs montagnes, excepté lorsqu'on veut les engraisser. La rusticité de ces animaux, la facilité avec laquelle on peut les nourrir et les surveiller par grands troupeaux, ce qui ne serait pas possible avec les leicesters, semblent les rendre particulièrement propres à la rude agriculture de la Californie, du Nouveau-Mexique et des montagnes de la Caroline du Nord. Et leur laine, dans l'état actuel de notre industrie, serait certainement très-demandée.

Il peut paraître présomptueux qu'un simple manufacturier ait la prétention d'éclairer une question comme celle de l'élève des bêtes à laine. Mais, dans tout ce qui vient d'être dit, on vise moins à indiquer des remèdes qu'à mettre les besoins en évidence. Chacun conviendra que ce problème, si vital, de l'agriculture américaine est loin d'être résolu. En Angleterre, au contraire, chacun a son but clairement déterminé; on y connaît les ressources du sol et du climat; la production du mouton de boucherie y est devenue le pivot de l'agriculture et le moyen de rendre les champs plus fertiles en Blé que les prairies mêmes de l'Ouest. En Amérique, la question se complique, il est vrai, d'éléments nouveaux. Ainsi, nous avons à nous préoccuper de l'emploi que l'on peut tirer de nos immenses produits en Maïs pour les convertir en laine et en viande ; il faut tenir compte des rapports qui vont s'établir entre la culture à mouton et la culture de la Betterave destinée à prendre une grande extension dans l'Ouest. Penser aux profits du cultivateur et à procurer de la matière première au manufacturier, cela est bien, mais ne suffit pas. Les besoins de l'alimentation ont aussi leur importance, attendu que la hausse des prix, qui se fait sentir chez nous, sur les aliments d'origine animale, nous obligera bientôt à considérer la nourriture à bon marché avec autant d'anxiété qu'en Europe. Par conséquent, le meilleur mode de pousser au développement rapide de l'élève des bêtes ovines et, par là, d'amener une baisse dans le prix de la viande, c'est d'aborder la question au double point de vue de la laine et de la viande de boucherie, d'autant plus qu'un bétail plus nombreux nous fournira les engrais nécessaires pour ramener la fertilité de notre sol en voie de dégénérer, de lui faire produire à nouveau d'abondantes récoltes de céréales et de rendre l'agriculture rémunérative.

Heureusement, les intérêts de l'éducation des bêtes à laine aux Etats-Unis excitent, plus que jamais, la plus intelligente et la plus sérieuse attention. Aucun mouvement dans l'agriculture américaine ne se manifeste avec plus de vitalité que celui que l'on observe dans les associations récemment formées soit dans les Etats, soit dans les comtés, dans le but d'encourager la production ovine, et rien ne saurait mieux nous rassurer sur l'avenir que la vigueur et le talent déployés dans la manière dont cette question est traitée dans nos principaux journaux d'agriculture.

Pour en revenir à l'Exposition, nous devons mentionner les avis des exposants russes, attestant les immenses proportions que l'élève des bêtes ovines a atteintes chez eux. Nous nous bornons à citer les deux déclarations suivantes : M. Filibert, propriétaire d'un troupeau de **70,000** mérinos. En **1864**, il possédait **50,000** têtes, qui ont produit **12,860** pouds de laine (**216,000** kilogr.). M. Michel Bernstein, d'Odessa, propriétaire à Falz-Ferin, possède **400,000** animaux. La dernière tonte avait produit **30,000** pouds (**504,000** kilogrammes) de laine lavée ; elle s'est vendue **870,000** roubles, ou **2,974,500** francs.

Nous signalerons, pour mémoire, les laines grossières de la race du Highland, les laines à tapis de Russie et de l'Amérique du Sud, les alpacas du Pérou et les angoras de la Turquie (1), matières qui toutes, excepté peut-être la dernière, sont dépourvues d'intérêt pour le producteur lainier américain. Elles ne peuvent faire concurrence aux laines que nous produisons ou qui pourraient être produites, et n'ont rien de commun avec les variétés qu'il est de notre intérêt de cultiver. En revanche, nous recommanderons à l'attention de notre gouvernement, afin qu'il en prenne exemple, les soins que donnent les gouvernements d'Europe à l'introduction des races ovines estimées. Dans le cas où des introductions semblables, par notre gouvernement, ne seraient pas possibles, on pourrait favoriser celles que des particuliers offriraient d'entreprendre en les affranchissant des droits d'importation.

---

(1) Voir le rapport spécial sur les chèvres d'Angora à l'appendice.

SECTION II.

MANUFACTURES DE TISSUS DE LAINE.

SOMMAIRE. Comparaison entre les manufactures d'Europe et celles des États-Unis. — Antiquité de la fabrication en Europe. — Consommation du monde entier. — Frais relatifs de production aux États-Unis et en Europe. — Tissus de laines françaises à l'Exposition. — Du goût en France. — Progrès dans l'art de la teinture en France. — Principaux centres caractéristiques de la France. — Belgique, Allemagne et Autriche· — Grande-Bretagne. — Devoirs imposés aux manufacturiers américains.

A la vue de la merveilleuse série de tissus de laine, de toute beauté et variés à l'infini, envoyés à l'Exposition, en contemplant ces résultats du travail de presque tous les métiers d'Europe, le visiteur américain aurait pu être mortifié en s'apercevant combien son pays était maigrement représenté dans ce tournoi magnifique. Mais en réfléchissant depuis combien peu de temps son pays est entré dans la carrière industrielle, en songeant que c'est à peine s'il existait une fabrique de draps, en Amérique, il y a cinquante ans, et que pendant cette période la nouvelle industrie a été placée sous un système de législation qui n'a eu de constant que son instabilité, il arrivait bientôt à se consoler de l'insuffisance nationale.

Pour l'Europe, les circonstances sont bien différentes. La première industrie qui reprit vigueur, après la sombre époque du moyen âge, fut précisément la fabrication des étoffes de laine. Dès l'an 1395, les étoffes de Reims, envoyées à Bajazet II, pour payer la rançon de quelques captifs français, étaient considérées comme le plus beau présent que la France pût offrir alors. En France comme en Angleterre, l'industrie lainière obtenait toutes les faveurs que l'Etat était capable de donner, et la prospérité actuelle à laquelle elle est parvenue dans la Grande-Bretagne est due aux soins persistants dont elle a été l'objet depuis le règne d'Edouard III, phénomène de continuité sans exemple dans l'histoire industrielle.

Quand donc on tient compte de ces circonstances, si surtout on apprécie l'ensemble de nos produits tels qu'on peut les voir en Amérique, et non comme on les voyait à l'Exposition où ils représentaient, très-incomplétement, notre industrie vraie, il est permis de prendre courage, et les progrès récents réalisés par les nations les plus avancées, en comparant le temps et les circonstances des deux côtés, ne doivent servir qu'à nous assurer que les Américains, eux aussi, peuvent espérer de riches moissons dans ce champ immense où ils viennent à peine de poser le pied.

Ce qui excitait le plus l'admiration dans la classe des lainages, c'étaient les qualités merveilleuses de cette fibre, capable de produire des objets et des tissus infiniment plus variés, sous le rapport de l'application et de l'apparence, que ne l'est toute autre matière quelconque. Par là, elle se montre bien, de toutes les substances filamenteuses, la plus précieuse et la plus nécessaire pour l'homme.

Il est probable que la supériorité de la laine provient de ce que la fibre atteint à une perfection plus haute, parce qu'elle est élaborée par un animal d'une organisation supérieure. Voilà pourquoi elle surpasse la soie qui provient d'un animal de structure inférieure. Son poids spécifique étant le plus léger parmi les poids spécifiques des autres substances fibreuses, il en résulte que ses tissus sont les plus légers, les plus chauds et les plus sains. Dans certaines variétés on rencontre des fibres qui ont la propriété de s'entrelacer et de se mélanger sous l'influence du foulage, et de fournir des tissus remarquables par leur douceur et par leur chaleur, tandis que dans d'autres variétés les fibres ont un aspect brillant qui assimile leurs tissus à ceux de la soie. En outre, la laine, aussi bien que la soie, prend et garde avec fixité toutes les teintes, toutes les nuances que l'art du teinturier peut inventer, propriétés que ne possèdent ni le coton ni le lin.

« Telles sont, écrivait récemment un auteur compétent, les qualités de la laine ; ce sont ces qualités qui ont conduit les nations industrieuses à entretenir des troupeaux comme répondant aux besoins de première nécessité des populations. Cette matière première si précieuse est devenue, chez tous les peuples industriels, un article d'importance telle que l'offre a constamment été inférieure à la demande. Aussi, sous l'impulsion de ces besoins pressants, a-t-on vu des colonies se transplanter du cap de Bonne-Espérance en Australie, et le berger émigrant se transporter dans les steppes de la Russie et dans les plaines de la Plata. La production de la laine a été stimulée à un tel point, que, d'après les statistiques allemandes, elle se traduit actuellement par des chiffres énormes. Dans la Grande-Bretagne, elle s'élève annuellement à 130 millions de kilogrammes, à 100 millions en Allemagne, à 62 millions en France, à 60 millions en Espagne, en Italie et en Portugal, à 63 millions dans la Russie d'Europe, ou, pour l'Europe entière, à 414 millions de kilogrammes de laines. Pour l'Australie, l'Amérique du Sud, l'Afrique méridionale, on trouve le chiffre de 78 millions ; pour les États-Unis, 47 millions ; pour les possessions britanniques de l'Amérique du Nord, 6 millions ; pour l'Asie, environ 235 millions, et, pour le Nord de l'Afrique, 25 millions de kilogrammes. La production totale du globe serait, par conséquent, d'environ 805 millions de kilogrammes de laine, ou 750 grammes par habitant, si l'on admet la population de notre planète comme étant de 1,285 millions d'âmes. »

En envisageant dans leur ensemble les lainages à l'Exposition de 1867, on pourrait croire que l'ingéniosité et l'imagination de l'homme se sont épuisées à créer tant de diversité dans la forme et dans l'application de la laine. Mais, si l'on compare les tissus actuels à ceux d'il y a trente ans, on peut se convaincre que tous les produits exposés n'ont rien de commun avec les produits d'autrefois, et qu'ils sont exclusivement l'œuvre originale d'une époque récente. En effet, la variété et la fantaisie qui règnent dans ces étoffes sont absolument nouvelles, car elles sont dues non pas seulement aux combinaisons infinies rendues possibles par la mécanique moderne, mais encore à l'association de la fibre laineuse à d'autres matières, telles que le coton, la soie, le lin, le poil de chèvre, du vigogne et de l'alpaca, et finalement aux nouvelles teintures découvertes par la chimie nouvelle. Devant un pareil spectacle, chacun arrive à cette conclusion que, de toutes les grandes industries, il n'y en a aucune qui ouvre une perspective aussi étendue à l'imagination et à l'esprit d'invention, et qui, conséquemment, s'identifie plus étroitement avec le progrès national, au point de vue intellectuel et en matière de goût.

En y regardant d'un peu plus près, sans toutefois entrer par trop dans les détails, on observe que les lainages exposés par les différentes nations portent l'empreinte du caractère respectif de ces dernières. Mais ce cachet se sent mieux qu'il ne se décrit. Il a quelque analogie avec ces individualités dont le port, l'attitude, le ton, à peine définissables, accusent néanmoins l'origine étrangère.

De tous les lainages exposés, les plus marqués, les plus caractéristiques pour nous sont ceux de l'Orient. Les divers genres de tapis (carpets, rugs) de la *Turquie* sont confectionnés avec des laines d'Asie, provenant de ces moutons à large queue, la plus ancienne des races ovines existantes; ce sont des tissus qui n'ont rien de commun avec les produits de nos métiers, et dont les procédés de confection remontent peut-être aux croisades. On peut en dire autant des châles de l'Inde qui sont bien les plus merveilleux monuments du travail textile; ils nous montrent dans leurs motifs à palmes un dessin probablement conservé depuis

des milliers d'années, et des étoffes appelées *espouline* dont
on peut voir des échantillons qui datent de l'an 835.

Si nous passons en Europe, en laissant à part la France,
sur laquelle nous reviendrons plus loin avec détail, nous
remarquerons les draps fabriqués dans les comtés de l'*ouest
de l'Angleterre;* ces draps, aussi étoffés et aussi solides que
les Chênes de leur pays, au lieu d'être doux et lustrés, témoignent, par leurs qualités, de la ferme probité du temps
jadis. Comme durée à l'usage, ils ne sont égalés par les produits d'aucune autre nation. Cependant ils commencent à
devenir une exception, la tendance des Anglais étant de
pourvoir à la plus large consommation possible des masses,
sans s'inquiéter des qualités de résistance à l'usure. C'est ce
que prouve leur habileté à falsifier la laine, en lui substi-
tuant des matières à bas prix, comme le coton ou les effilochages de chiffons (shoddy) pour le remplissage, et en filant des
chaînes en pur coton. Aussi sont-ils incomparables dans la fabrication de tissus à bon marché ou falsifiés ayant l'aspect fini
et une belle apparence. C'est aux Anglais que l'on doit l'introduction des effilochages de chiffons dans la fabrication ; cet
emploi s'est étendu à un tel point, qu'en une seule année ils
en ont utilisé 32 millions de kilogrammes, plus que le poids
de toute la tonte de 1860 en Amérique. Aucune nation industrielle ne peut rivaliser avec les Anglais dans l'art d'utiliser, dans les étoffes de laine, les nouvelles matières auxiliaires, telles que les poils de chèvre et d'alpaca, et même les
poils de vaches, ni dans la combinaison de la laine et du
coton pour les filés de chaîne servant à fabriquer les étoffes
grossières dans lesquelles ils font entrer leurs laines· de
peigne indigènes, ni enfin dans la substitution du travail
mécanique au travail à la main.

La *Belgique,* bien que produisant fort peu de laine chez
elle, se fait remarquer par l'excellence de ses draps unis, de
ses casimirs et de ses doskins, aussi bien que par le bon
marché de leur fabrication, dû au bas prix extrême de sa
main-d'œuvre. Dans ses tissus de laine peignée, elle se dis-

tingue par la facilité avec laquelle elle copie, s'approprie et transforme en tissus à bon marché les dessins originaux de Roubaix et de Paris.

La *Prusse rhénane*, qui a la faculté de prendre et de choisir les laines incomparables de l'Allemagne, a soutenu sa vieille réputation qui date du xiii° siècle ; elle expose des draps noirs dont l'excellente fabrication, l'utilité générale et le bon marché dépassent ceux de toutes les autres nations.

L'*Autriche*, avec sa ville manufacturière, Brunn, située au cœur même de la province à pâturages de Moravie, est éminente par l'originalité de ses tissus en laine cardée, de ceux particulièrement qui sont destinés aux vêtements de femme, par leurs dessins éclatants et par la vivacité de leurs teintes. Rien n'égale la pureté des draps blancs pour uniformes des troupes autrichiennes.

La *Russie* se trouve, au point de vue manufacturier, dans un état analogue, quoique inférieur, à l'état où se trouvent les Etats-Unis. C'est une contrée jeune, animée d'un grand esprit d'entreprise et d'une grande activité ; mais elle a encore à travailler pour arriver aux triomphes dans les arts textiles.

Quand on classe les principales nations par rang de mérite dans la fabrication des étoffes de laine cardée, on arrive au résultat suivant :

Prusse rhénane, 1er rang pour vêtements d'homme.
France, 1er rang pour vêtements de femme.
Autriche, 2e rang pour vêtements de femme.
France, 2e rang pour vêtements d'homme.
Belgique, 3e rang pour vêtements d'homme et de femme.
Prusse, 4e rang pour vêtements d'homme et de femme.
Angleterre, 5e rang pour vêtements d'homme et de femme.
États-Unis, 6e rang pour vêtements d'homme et de femme.
Russie, 7e rang pour vêtements d'homme et de femme.

Pour les tissus en laine de peigne pour femmes, la France est la première, et l'Angleterre est la seconde, les autres nations d'Europe n'ayant rien de particulier qui puisse les distinguer les unes des autres.

Des médailles d'or pour l'excellence des tissus de laine cardée ont été accordées, non aux individus, mais aux districts d'Europe qui se sont le plus distingués dans ce genre de fabrication. Les prix de cette classe ont, en conséquence, été remportés par la chambre de commerce d'Elbeuf, représentant les villes d'Elbeuf et de Louviers; par la ville de Sedan; par le sud de l'Ecosse, qui comprend les villes de Dumfries, Galashiels, Hawick, Innerleithen, Langolm et Selkirk; par l'ouest de l'Angleterre, qui renferme les comtés de Gloucester et de Wilt; par les provinces rhénanes de la Prusse; par la province de Silésie (Prusse); par la chambre de commerce de Brünn (Autriche); par l'arrondissement de Verviers (Belgique); par l'arrondissement de Riga (Russie).

Quant aux Etats-Unis, leur exposition dans cette classe étant très-incomplète, c'est avec justice qu'ils ont été exclus de toutes ces récompenses.

Que l'on nous permette, à cette occasion, d'entrer dans un examen un peu plus détaillé de nos étoffes comparées à celles des nations européennes, en prenant particulièrement pour point de départ, non pas l'exposition incomplète de nos tissus au palais de l'Industrie, mais l'ensemble de nos tissus, tels qu'on les fabrique aux Etats-Unis.

Nous ne pouvons pas prétendre à une position nationale dans la fabrication des lainages, excepté peut-être pour nos draps ou tissus de laine cardée, car dans les autres genres nous ne réussissons guère encore que par exception. Deux nécessités ont dû influencer notre production naissante, les besoins pressants de notre population et le caractère spécial de notre matière première. Il en résulte que notre industrie lainière, particulièrement nationale, produit toutes les variétés de tissus de laine cardée, depuis les flanelles jusqu'aux étoffes unies les plus fines inclusivement. Cependant, si nous abordons la fabrication de ces dernières, ce n'est que par exception. Dans toute la série de ces tissus, comprenant les *domets* unis et de fantaisie, les flanelles, les couvertures, les châles, les satinets, les casimirs de fantaisie ou mélangés de soie variés à l'infini, les castors, les édredons, etc., notre succès a été complet et révèle les progrès étonnants accomplis pendant les dernières années. Dans presque tous ces produits, les Américains peuvent rivaliser avec n'importe quelle nation, en qualité, solidité et goût de fabrication, et même en bon marché pour quelques-uns. Tous ces tissus, rappelons-le, comprennent les étoffes en laine cardée, absolument nécessaires à notre population qui, dans sa plus grande majorité, les porte en toute saison. Il n'y a guère qu'un petit nombre de personnes habitant les grandes villes qui achètent les draps noirs fins et de haut prix provenant de fabriques étrangères; la plupart d'entre elles affectent d'user ces étoffes pour se distinguer du commun, absolument comme en France les gens de même catégorie préféraient porter des bas de coton importés en contrebande sous l'Empire, uniquement parce qu'ils coûtaient deux fois plus cher que les bas de soie. Mais, en réalité, ce sont les draps moyens mélangés et de fantaisie, et non les draps ultra-fins, que demande la consommation dans le monde entier. Ces draps, les producteurs de laine et les fabricants de lainages américains sont en situation de les fournir, d'autant mieux qu'ils ont sous la main tous les matériaux nécessaires. Sous ce rapport, nous n'avons nul besoin de nous adresser à l'étranger; et si l'on avait, chez nous, autant de sentiment national pour les produits indigènes qu'il en existe en Europe, personne ne songerait à demander les étoffes dont il est question ailleurs qu'aux Etats-Unis. Il est à remarquer, en effet, que, malgré la liberté des échanges établie chez les nations d'Europe, le sentiment national y joue un grand rôle, très-efficace, en faveur de la production indigène. Ainsi les draps à apprêt lustré d'Allemagne, qui se vendent si facilement aux Etats-Unis, ne trouvent pas d'écoulement en Angleterre. Les tailleurs anglais qui visitaient l'Exposition déclaraient énergiquement que rien de ce qu'ils y avaient

vu ne pouvait se comparer avec les draps d'Angleterre, tandis que les tailleurs et les détaillants américains s'efforcent
d'entretenir le préjugé antipatriotique du consommateur en
faveur des produits étrangers, uniquement parce qu'ils
gagnent plus sur un article étranger que sur un article indigène, et parce que l'on connaît moins bien le prix et la
qualité du premier que ceux du second.

Entrant dans un examen plus minutieux des qualités des
produits américains comparées à celles des produits étrangers, on trouve, dans toute la série des casimirs de fantaisie, comprenant les tissus mélangés de soie et de laine, que
nous surpassons les Anglais en style, goût et perfection, et
que nous approchons très-près des Français. On peut en dire
autant de toute la série des flanelles, soit blanches, soit
teintes, et des castors Esquimaux et Moscou, que nous avons
empruntés aux Allemands. Dans les draps de pilote à bon
marché, remplaçant les castors, d'aspect engageant pour
l'acheteur, mais mauvais à l'usage, nous ne pouvons nous
comparer aux Anglais. Toutes les variétés de châles de laine
susceptibles d'être fabriquées avec de la laine américaine
peuvent lutter avec succès, comme qualité et comme prix,
avec les produits de l'Ecosse, reconnus comme tenant la tête
dans cette fabrication. Dans la classe des tissus légers, *tout
laines*, fabriqués en toutes couleurs, connus sous le nom de
sackings et de *cloakings*, et d'un grand débit pour le vêtement de femme, l'Amérique produit à meilleur marché que
l'Europe. Il y en avait à l'Exposition, dans la section américaine, marqués aux prix nets, *valeur or*, qui attiraient l'attention par leur bas prix, et provoquaient de nombreuses
demandes d'achat.

Dans les autres branches de l'industrie lainière, autres que
celle des tissus de laine cardée, principalement dans celles
où le manufacturier américain peut se procurer la matière
première aussi facilement et aux mêmes conditions que le
manufacturier européen, nos produits soutiennent favora-

blement la comparaison. Les tapis américains sont certainement égaux, sinon supérieurs, aux tapis anglais de même
catégorie. On ne peut constater aucune infériorité pour les
dessins, les couleurs, ou la texture dans les tapis Bruxelles
et dans les tapis-tapisserie exécutés en Amérique. En fait,
c'est la même machine, ici comme en Angleterre, qui sert à
les tisser. Or le marchand de détail américain est invariable-
ment obligé de payer plus cher pour un tapis étranger de même
qualité; d'où il suit que, pour le prix dont il paye l'article
étranger, il pourrait acheter un tapis américain de qualité supérieure. En effet, le tapis américain à laine teinte (ingrain),
dont la consommation est la plus étendue, est incontestable-
ment supérieur au tapis anglais. On en trouve la preuve dans
ce fait que les filés employés pour les tapis anglais ne sont
pas assez forts pour être employés au tissage mécanique que
l'on pratique aux Etats-Unis.

Il y a des préjugés contre la teinture des Américains
pour les tapis comme pour d'autres tissus. Rien ne saurait
être moins fondé, car on a recours aux mêmes agents chimiques et aux mêmes procédés dans les deux pays. On
trouve, dans nos établissements, les plus habiles teinturiers,
enlevés à l'Europe par l'attrait d'un salaire plus élevé.
L'un de nos fabricants de *flanelle opera* a exposé
80 échantillons de nuances différentes, sur un seul carton.
Si, en Europe comme aux Etats-Unis; on signale des objets
mal teints, cela ne provient pas d'un défaut d'habileté, mais
de l'usage prémédité de substances et de matériaux à bon
marché. Le risque d'acheter des objets à couleurs peu solides est bien plus grand en acquérant des tissus bon marché importés, qu'en acquérant les produits de fabriques
américaines connues qui n'emploient des teintures de qualité inférieure que lorsque l'acheteur insiste à n'avoir que
des tissus à bas prix.

Les observations que nous venons d'émettre sur nos progrès récents dans la fabrication des lainages trouvent leur

confirmation dans le dernier rapport annuel de l'Association nationale des fabricants lainiers. Voici comment s'exprime le rapport :

« Durant la dernière guerre, le niveau de qualité des
« tissus américains avait considérablement baissé, d'où le
« discrédit qui a frappé la production nationale. Grâce au
« résultat inévitable de la protection, ce niveau s'est relevé,
« et les vastes améliorations réalisées dans le courant de
« cette année (1867?) sont devenues le sujet des commen-
« taires et de la surprise dans le monde des négociants.
« L'organe principal des marchands de tissus, l'*Écono-*
« *miste,* avocat bien connu du libre échange, déclare ce
« qui suit : « Il faut rendre cette justice à nos fabricants,
« que, depuis l'année dernière, ils ont fait des progrès mer-
« veilleux. En continuant du même pas, ils ne tarderont
« pas à dépasser leurs rivaux ; la distinction du style, l'har-
« monie des couleurs, leurs contrastes savamment disposés
« par le génie américain, amèneront bientôt nos produits
« à servir de modèles au monde entier. » Voici un témoi-
« gnage d'une grande valeur, car il est donné par un ad-
« versaire de nos principes de protection pondérée. Mais ce
« qui complète la force du témoignage, c'est un autre pas-
« sage de la même feuille où l'on avoue « que, sous l'in-
« fluence d'un tarif élevé, une vigoureuse impulsion a été
« donnée à notre fabrication indigène, et que de cette im-
« pulsion est résulté le spectacle magnifique qu'offrent en
« ce moment nos manufactures de lainage. »

« Mais notre progrès, continue le rapport, ne s'est pas
« borné à améliorer le style ou à produire plus économi-
« quement nos anciens tissus ordinaires. On a abordé avec
« succès de nouveaux articles, par exemple les étoffes avec
« soie mêlée à la laine, dans les filés de chaîne comme dans
« les trames, ce qui a fortifié la texture, tout en donnant
« des reflets agréables neutres à la surface. Il est admis
« que ces nouveaux produits américains, de grande con-
« sommation, n'ont plus grand'chose à envier à leurs pro-

« totypes allemands. Cette fabrication a ce côté intéressant
« qu'elle aide au développement d'une branche liée de très-
« près à l'industrie américaine, toute la soie employée
« étant filée aux Etats-Unis.

« La consommation de la soie commence à prendre une
« certaine importance chez nous, puisqu'on évalue à
« 400,000 francs au moins la soie utilisée par un seul ma-
« nufacturier. La soie et la laine sont encore associées dans
« un autre tissu de grande beauté, — la popeline irlan-
« daise, — dont la trame est entièrement composée de
« filés-tors (*worsted*), entièrement recouverts par de la
« chaîne en soie. Espérons que cette magnifique addition à
« nos produits de luxe n'est que l'avant-coureur d'une
« plus large fabrication ayant la soie pour auxiliaire. Qu'un
« peu de protection vienne la soutenir, et elle ne tardera
« pas à prendre place à côté de notre fabrication lainière
« et cotonnière.

« Il faut également tenir compte de la grande perfection
« atteinte, depuis deux ans, dans la confection de ce genre
« d'article, appelé castors d'Esquimaux, pour paletots. Il
« n'y a pas plus de cinq ans, que tous les articles de cette
« catégorie, consommés en Amérique, étaient importés.
« Aujourd'hui, on est arrivé à les produire si bien et à si
« bon marché, que les produits étrangers ne trouvent plus
« à se vendre. Ces articles, fabriqués en Allemagne, ont
« obtenu une médaille de haute classe à l'Exposition.

« Depuis un an ou deux, on signale aussi des progrès
« marqués dans les articles de bonneterie. Tout récem-
« ment encore, on n'osait pas encore se risquer à fabriquer
« les bas, les chemises, les caleçons, entièrement confec-
« tionnés à l'étranger avec des machines à main. Mainte-
« nant, une machine américaine opère automatiquement
« et remplace avec une perfection admirable le travail ma-
« nuel. Une grande difficulté dans la bonneterie était la
« couture d'assemblage qui, faite à la main, entraînait la
« nécessité de distribuer le travail chez les ouvrières en

« chambre, qui le terminaient à prix très-élevé. Une nou-
« velle machine, due au génie américain, fait disparaître
« cette difficulté coûteuse et gênante, et accomplit automa-
« tiquement ce travail. Un seul établissement y emploie
« 100 jeunes filles dirigeant ces machines ; elles gagnent
« de 2 fr. 50 à 5 francs par jour, et font une besogne infi-
« niment plus parfaite qu'on ne la faisait autrefois. Ainsi,
« on est parvenu, aujourd'hui, à fabriquer entièrement à la
« mécanique l'article tricot, qui, sous tous les rapports,
« égale ce que l'on fait de mieux en Angleterre, tout en se
« vendant à un prix beaucoup inférieur.

« Parmi les nouveautés de nos fabriques, rien n'a plus
« excité l'admiration que les articles pour paletots (*cloa-
« kings ?*). Même des fabricants d'expérience s'étonnent du
« nouvel horizon ouvert à l'application de la laine, de la
« variété surprenante dans les motifs et les effets obtenus,
« et de la possibilité de produire tout cela par des ma-
« chines. Les premiers modèles d'après lesquels on s'est
« mis à fabriquer aux Etats-Unis, conçus et exécutés en
« Autriche, sous un système protecteur de plus de 70 pour
« 100, apparurent pour la première fois à l'Exposition de
« Londres de 1862, et furent considérés comme l'une de
« ses curiosités. Un jeune manufacturier de Rhode-Island,
« plein d'intelligence et d'esprit d'entreprise, prit l'initia-
« tive de reproduire les inventions autrichiennes. Il se
« rendit en Autriche, pour voir par lui-même et se rendre
« compte du travail dans les fabriques, et bientôt se vit en
« position de marcher sur leurs traces. Non content d'imi-
« ter, il introduisit de nouveaux motifs, des textures origi-
« nales particulièrement adaptés aux laines d'Amérique. Ses
« articles, ainsi que ceux d'autres fabricants qui ont suivi
« son exemple, sont aujourd'hui au moins égaux à leurs
« modèles étrangers. A côté de cet avantage, il y en a un
« second tout aussi satisfaisant, c'est qu'on peut les livrer à
« 10 ou 15 francs meilleur marché qu'on ne pourrait le
« faire avec les tissus importés, parce que les Américains

« travaillent à la machine, tandis que les Autrichiens tra-
« vaillent à la main. »

La position respectable conquise par les Etats-Unis dans l'industrie des laines cardées est indiquée par les récompenses remportées à l'Exposition. Dans cette classe de produits, la plus haute récompense accordée à un individu ou à un établissement seul n'a pas dépassé la médaille d'argent. Cent deux récompenses de ce genre furent attribuées à cette classe. La soixante-sixième par rang d'ordre, qui en même temps était la première donnée à un Américain, échut aux draps provenant des fabriques de Washington, à Lawrence (Massachussets). Ces draps représentaient la moyenne du style et de la qualité des lainages, comme on les fait aujourd'hui aux Etats-Unis. Les tissus exposés, au nombre de trente, n'avaient pas été fabriqués expressément pour l'Exposition; ils étaient l'expression fidèle de la fabrication ordinaire et quotidienne de ces établissements. A chaque pièce était fixée une carte où l'on avait inscrit le prix de vente sur le marché américain. En accordant l'honorable récompense dont il s'agit, le jury a tenu compte de l'excellence et de la variété de ces articles, de leur convenance pour la consommation générale, et du prix raisonnable pour l'Amérique auquel ils sont cotés. Il y a là une importante attestation en faveur de nos tissus, d'autant plus qu'ils sont produits par l'une des plus grandes fabriques du pays, que l'on peut même ranger parmi les plus considérables du monde.

Une médaille d'argent, sous le n° 67, a été donnée à la fabrique *Webster*, du Massachussets, appartenant à la maison L. Slater et fils, pour d'admirables articles de laine cardée, tels que draps noirs larges, doskins, castors, etc., dont l'excellence met hors de doute notre capacité de production en ce genre, pourvu que nous puissions disposer d'une matière première suffisante. M. H. Stursberg, de New-York, a obtenu une médaille de bronze pour ses castors, aussi beaux que ceux de fabrique allemande; ces articles proviennent de la fabrique *Germania*, à Holyoake (Massachussets). Médaille de bronze également à la fabrique de *la Mission*, San Francisco (Californie), pour des étoffes de laine cardée. Les couvertures exposées par la Californie auraient pu faire honneur à l'industrie des Etats de la Nouvelle-Angleterre.

Il est très-regrettable que nous n'ayons pas eu occasion de montrer des échantillons de nos autres industries lainières dans lesquelles nous avons réalisé de grands progrès, comme les tapis, les articles de tricots et les delaines. .

Le département des tissus de laine peignée, qui en Angleterre et en France absorbent la plus grande partie du capital et du travail engagés dans l'industrie lainière, a à peine été abordé aux Etats-Unis, ce qui montre toute l'ampleur du terrain que nous avons encore à parcourir. Nos progrès dans l'industrie cotonnière ont principalement conduit nos efforts vers une branche de l'industrie des étoffes façonnées, c'est-à-dire vers la fabrication des tissus mélangés à chaîne de coton et à trame de laine, classés sous le nom générique de mousselines de laine. Dans ce genre, nous sommes favorisés par la nature de nos laines indigènes. Il en est résulté que l'importation des *delaines* imprimés a presque entièrement cessé, car nos produits sont plus moelleux, qualité due à nos laines domestiques, et parce qu'ils prennent mieux la teinture que les articles importés en concurrence. On en fabrique environ 50,000,000 de mètres, tous consommés sur place. Ce produit a surtout présenté de l'intérêt, parce qu'il sort d'un établissement américain qui a montré, à l'Exposition, comment on était parvenu aux Etats-Unis à concilier les intérêts du fabricant propriétaire avec le bien-être matériel, moral et intellectuel du travailleur.

Un jury spécial s'était constitué à l'Exposition universelle de Paris, pour récompenser les personnes, les établissements et les localités qui, par une organisation ou par des institutions spéciales, avaient développé l'esprit d'harmonie entre les coopérateurs d'une même œuvre, et s'étaient préoccupés des besoins matériels, moraux et intellectuels des ouvriers. En réponse à l'appel de ce jury, le directeur de la fabrique *Pacifique*, située à Lawrence (Massachussets), présenta un compte rendu des opérations et de la conduite de l'établissement, et reçut en échange un grand prix, consistant en une médaille d'or de 1,000 francs et de 9,000 francs en or. Des récompenses semblables furent accordées à treize personnes, établissements et localités appartenant à d'autres parties du monde. Nous croyons devoir consigner ici, sous une forme abrégée, les faits empruntés au mémoire de M. Chapin, que l'on trouvera en entier aux appendices :

L'établissement *Pacifique*, à Lawrence, a été fondé, en 1853, avec un capital de 12 millions 500 francs. Ses machines sont mues par une chute d'eau de la force de 1,500 chevaux. La vente moyenne des produits fabriqués, consistant en tissus de laine imprimés et en calicots, a dépassé, pendant plusieurs années, 37 millions de francs. Il emploie 3,600 ouvriers, dont 1,680 hommes et 1,510 femmes; le surplus consiste en garçons et en filles de dix à dix-huit ans.

Dès les commencements on prit des mesures pour assurer le bien-être matériel, moral et intellectuel des ouvriers, tant comme devoir envers eux que dans l'intérêt des propriétaires. Les intérêts *matériels* des ouvriers ont été satisfaits par la construction d'ateliers gais, confortables et bien aérés. On a bâti, pour leurs familles, des habitations qui leur sont louées à un prix équivalent à *un huitième* du salaire du chef de la famille; en outre, on a édifié de vastes bâtiments où l'on donne des logements aux ouvrières célibataires dont la demeure est trop éloignée. Moyennant *le tiers* de leur salaire moyen, ces femmes ont une chambre pour deux, avec l'éclairage, la nourriture et le blanchissage.

Un autre moyen de favoriser le bien-être matériel des ouvriers consiste dans une association de secours mutuels, dont chaque personne employée dans l'établissement *doit* être un membre. Toute personne malade qui, pendant trois mois au moins, a payé de **10** à **30** centimes (par jour ?) reçoit, pendant vingt-six semaines au moins, un secours hebdomadaire de **6** fr. **25** à **18** fr. **25**. Dans le courant de douze années, cette association, à laquelle la compagnie contribue pour sa part chaque semaine, a dépensé, pour des membres malades, plus de **125,000** francs.

Pour la protection *morale* du grand nombre de femmes employées par la compagnie, le *boardinghouse* où elles sont logées est surveillé par des personnes choisies, ayant les qualités requises pour exercer de l'influence et pour agir comme gardiens. Jamais des hommes non mariés n'y sont admis; les hommes mariés n'y entrent qu'exceptionnellement et quand ils sont accompagnés de leurs femmes. A dix heures du soir, les portes de la maison sont fermées. D'ailleurs il est impossible à un individu manifestement deshonnête de conserver des relations avec la compagnie. Les hommes livrés à l'intempérance ou affligés d'une mauvaise conduite notoire sont rigoureusement exclus. Il est admis en principe qu'il faut absolument éviter les mauvais propos, les mauvais exemples ou la sévérité outrée chez les contre-maîtres, surtout quand ces surveillants ont à diriger des femmes ou des jeunes personnes.

Au point de vue *intellectuel,* pour favoriser la culture chez l'ouvrier, il y a une bibliothèque, établie par une contribution hebdomadaire de **5** centimes par personne employée, qui compte aujourd'hui quatre mille volumes. Ce sont les ouvriers eux-mêmes qui en ont la garde et le contrôle. Des salles à part, confortablement chauffées et éclairées en tout temps, abondamment fournies de journaux et autres publications périodiques, servent de cabinet de lecture et d'étude aux hommes et aux femmes. Ceux des ouvriers qui, faute de savoir lire, ne peuvent pas profiter de la bibliothèque ne s'élèvent pas à plus de cinquante pour mille; encore sont-ils presque tous étrangers de naissance.

Pour les propriétaires comme pour les ouvriers, ce système d'élévation et de bien-être a donné les résultats suivants : Il n'y a pas eu de *grève* parmi les travailleurs ; ceux-ci ont acquis la conviction que tous les griefs et doléances seront écoutés avec une patience bienveillante et seront débattus avec franchise, ce qui a exercé une grande influence sur le bon ordre de la fabrique. On est parvenu à créer une catégorie plus élevée d'ouvriers, ou plutôt de contre-maîtres, qui sont chargés d'engager les ouvriers dans les départements dont ils ont la direction ; ces ouvriers supérieurs impriment leur caractère à la masse de leurs subordonnés. Les ouvriers, en général, sont arrivés à placer leurs économies dans des banques d'épargne. Ces dépôts s'élèvent aujourd'hui à plus de **500,000** francs. Plusieurs ouvriers sont devenus possesseurs d'habitations sur lesquelles ils ne doivent rien ; plus de **250,000** francs ont été ainsi immobilisés. Quelques ouvriers ont acquis des actions de la compagnie pour une valeur, au cours du moment, de plus de **300,000** francs. Un grand nombre d'ouvriers font partie de l'administration de la ville en qualité de membres du conseil municipal. Enfin, le succès financier de la compagnie assure un taux libéral aux salaires.

La somme la plus inférieure payée en salaires hebdomadaires aux plus jeunes ouvriers est de 9 fr. 10, valeur en or. Le nombre de ces ouvriers est très-restreint. Des garçons de seize ans ne reçoivent pas moins de 14 fr. 25 par semaine, en or. Les hommes reçoivent au moins 33 fr. 75 par semaine, en or ; mais la très-grande majorité touche beaucoup plus. Pour les femmes, le salaire hebdomadaire varie entre **12 fr. 40** et **33 fr. 60**, en or ; quelques-unes, même, gagnent plus que ce maximum. Les jeunes filles n'ont guère plus de **12 fr. 40** par semaine. Les fileurs, les tisseurs, et quelques autres, sont à la tâche ; quelques-uns d'entre eux se font de très-beaux gains.

Ces faits peuvent se passer de commentaires ; leur puissance et l'excellence de leur application sont démontrées dans les fabriques *Washington*, *Middlessex* et *Salisbury*, et dans la plupart des grands établissements de la Nouvelle-Angleterre. On les appréciera encore bien mieux quand on voudra comparer l'influence sociale du système américain usité dans les fabriques avec le système de Roubaix, où l'on produit des articles analogues à ceux de la fabrique *Pacific*.

Mais les fabricants de lainages ne sont pas les seuls qui puissent prétendre au mérite d'harmoniser les intérêts des patrons et des ouvriers. Ils doivent partager cet honneur avec les *Lowell*, les *Appleton*, les *Jackson* de la génération passée, avec les premiers promoteurs de l'industrie cotonnière américaine, dont l'industrie lainière de la Nouvelle-Angleterre, dans sa forme présente, est un rameau. On peut voir, dans l'*Histoire de l'introduction des métiers mécaniques et de l'origine de Lowell,* par M. Nathan Appleton, les immenses services rendus par ces hommes de bien, dont la prévoyance bienfaisante a empêché notre population rurale de perdre son caractère moral en passant à une nouvelle industrie dont l'influence délétère s'était partout ailleurs manifestée. Après avoir modestement attribué à M. Francis C. Lowell, dont M. Appleton avait été l'associé depuis 1811, « le mérite d'avoir introduit le premier un nouveau sys- « tème dans l'industrie cotonnière et de lui avoir, par là « même, donné une immense impulsion ; » après avoir ob- servé que M. Lowell « s'est surtout appliqué à organiser des « dispositions favorables au caractère moral des ouvriers « employés, » M. Appleton continue ainsi : « L'introduc- « tion de l'industrie cotonnière en Amérique, sur une large « échelle, était une idée neuve. Il était d'un grand intérêt « de savoir quel effet elle exercerait sur le caractère de notre « population. En Europe, on voyait que les ouvriers, dans « les villes industrielles, accusaient un degré très-bas d'in- « telligence et de mœurs. On se posait donc cette question : « Une pareille démoralisation est-elle le résultat du genre « d'occupation, ou convient-il de l'attribuer à des causes « autres et distinctes? Pour nous, il était malaisé de conce-

« voir pourquoi le travail industriel devait différer des
« autres occupations dans son influence sur le caractère.
« Le travail des femmes était peu demandé alors, puisque
« le travail en chambre se trouvait remplacé par les amélio-
« rations dans les machines. Dans la Nouvelle-Angleterre,
« on se trouvait en présence d'un fonds de travailleurs ayant
« reçu une saine éducation, doués même de vertus vraies.
« Maintenir, fortifier ces qualités ne paraissait pas impos-
« sible, d'autant plus qu'il était difficile de comprendre
« pourquoi un travail avantageux aurait eu la tendance de
« détériorer les caractères. En tous cas, afin de prévenir le
« mal, on prit les plus grandes précautions dans l'établisse-
« ment, aux frais de la compagnie, de *boardinghouses*
« (pensions ouvrières); on les plaça sous la surveillance de
« femmes respectables, et l'on eut soin d'y faciliter les exer-
« cices religieux. Dans de semblables conditions, on ne
« rencontra pas de difficultés à décider les filles d'honnêtes
« cultivateurs à venir à la fabrique pour un temps déter-
« miné. C'est grâce à ces mesures qu'on est parvenu à donner
« à notre population industrielle le caractère particulier qui
« la distingue de la population ouvrière d'Europe, et qui a
« excité la plus vive admiration chez les étrangers intelli-
« gents qui sont venus nous visiter. Un grand bien-être ma-
« tériel en est résulté, car les salaires ont atteint plus du
« double de ce qu'ils étaient avant l'introduction de cette
« industrie. Ces résultats ont été, en quelques mesures,
« contrariés, pendant ces dernières années, par la politique
« de libre échange du gouvernement. Si cette politique
« allait à ses conséquences extrêmes, la valeur du travail
« américain ne tarderait pas à devenir égale à la valeur du
« travail européen. »

On a quelquefois appliqué au travail dans les fabriques de
la Nouvelle-Angleterre l'épithète infamante d'*esclavage blanc*.
Aucune accusation n'est plus dénuée de fondement. Les
fondateurs du système de fabrique qui prévaut dans la Nouvelle-Angleterre se sont attachés à le purger de tout élément

féodal. Ils ont eu soin d'éviter le plan anglais qui consiste à employer des familles entières dans la fabrique, même en y comprenant les enfants qui auraient dû être à l'école, ce qui est cause que ces familles sont placées dans une dépendance complète de l'établissement, et qu'elles sont exposées à souffrir quand les affaires sont interrompues. Au lieu de payer, suivant l'habitude anglaise, en bons sur le magasin de la fabrique, ce qui tendait à pousser l'ouvrier aux dettes et à la servitude, on a institué la pratique du payement en argent des salaires hebdomadaires. On a construit des *boardinghouses* (pensions ouvrières), qui ont attiré les ouvriers d'âge mûr, leur faisant ainsi quitter leurs habitations rurales, souvent placées à de grandes distances, tout en leur laissant la faculté d'y retourner quand la fabrique était obligée de suspendre le travail. Par ce système, et par la renonciation volontaire à les contrôler au point de vue politique et religieux, on a laissé à l'ouvrier une entière liberté de mouvement. Tels sont les points principaux qui caractérisent la nouvelle ère industrielle dans la Nouvelle-Angleterre.

L'un des points de comparaison les plus importants entre les produits américains et étrangers est leur prix de revient relatif, mesuré par la mesure commune la plus correcte, c'est-à-dire par la dépense relative en main-d'œuvre requise par ces produits. En résolvant cette question, on arrivera à déterminer si les avantages naturels ou acquis que nous possédons justifient que l'on protége l'industrie lainière comme industrie nationale. Mais il y a une difficulté, c'est qu'il est impossible de se baser sur un article représentatif unique, uniforme de qualité et de valeur, comme, par exemple, une tonne de fonte, dont le coût relatif indiquerait les avantages comparatifs des Américains et des étrangers dans la fabrication du fer. Le seul recours que l'on puisse avoir, c'est de considérer les produits de l'industrie des laines cardées prise en général, et de comparer la puissance productrice du système américain, ses procédés et son outillage de fabrication. Or, sous ces divers aspects, tous les praticiens qui ont récemment visité l'Europe avec l'intention d'en étudier les industries s'accordent à déclarer que les Américains sont au niveau des nations les plus avancées. Négligeant les avantages que l'on attribue à nos chutes d'eau, auxquelles le vulgaire attache une importance exagérée, nous appliquons partout à notre fabrication le système usinier; nous tirons tout le parti possible de la puissance des machines. A l'étranger, il n'en est pas ainsi, car, dans beaucoup d'endroits, on travaille encore à bras d'homme, surtout pour le tissage. A l'Exposition, la section des Etats-Unis a exposé une machine à bourrer pour la préparation de la laine cardée, comme on en emploie généralement dans nos fabriques, qui n'a rien trouvé qui l'égalât. On n'a constaté aucune amélioration dans le cardage de la laine à Verviers, qui n'ait été appliquée chez nous ; Verviers est un des principaux centres européens de l'industrie des laines cardées. Le cardage s'y dessert par autant d'ouvriers qu'en Amérique.

Pour la filature, les grands établissements étrangers font usage ordinairement de la mule-jenny, tandis que dans la Nouvelle-Angleterre on a généralement adopté le *jack,* appareil de filature infiniment plus approprié aux différentes qualités et quantités de filés exigés par la variété des articles produits dans nos fabriques. Au reste, on sait ici utiliser les mule-jennys aussi bien que dans les meilleures fabriques d'Europe.

Relativement au tissage, on a remarqué que l'on construisait, à Verviers, des métiers dont on ne voudrait plus chez nous en ce moment. Aucun des métiers de facture européenne placés à l'Exposition ne pourrait se comparer à notre métier Crompton, quoique cette admirable machine soit encore soumise à de grands perfectionnements en voie d'exécution.

Les autres procédés de fabrication, tels que teinture, sont les mêmes qu'en Europe. Si maintenant nous considérons, d'une part, l'énergie et l'intelligence supérieures de nos travailleurs mieux éduqués et mieux nourris, d'autre part l'emploi forcé de tous les procédés économisant la main-d'œuvre, à cause du prix élevé du travail humain, si enfin nous tenons compte de la supériorité reconnue de la construction mécanique aux États-Unis, on arrivera à cette conclusion, que 1 mètre d'étoffe se fabrique chez nous avec un plus petit nombre de travail humain que cela a lieu à l'étranger pour 1 mètre d'étoffe à qualité égale et à égal degré de fini. En d'autres termes, une semaine de travail produira un plus grand nombre de mètres d'étoffes dans une fabrique américaine que dans une fabrique européenne.

Cependant on prétend que 1 mètre d'étoffe coûte moins en Europe qu'aux États-Unis. Il faut s'entendre. Le travailleur américain peut acheter dans son pays un plus grand nombre de mètres d'étoffe avec le produit d'une journée de son travail que le travailleur européen, parce que le prix du drap, par exemple, n'est pas proportionné au taux du salaire du travail ordinaire. D'un autre côté, il faut convenir que le coût en argent de la production des étoffes est plus grand en Amérique qu'en Europe.

De tout ce qui vient d'être dit, il ressort que le coût en argent plus élevé de notre fabrication drapière n'est pas dû à une infériorité dans les avantages naturels, dans l'habileté et l'efficacité de notre travail en Amérique. Il n'est pas exact, non plus, d'avancer, comme certains théoriciens, que cette industrie a une existence maladive de serre chaude, qu'elle ne peut se soutenir que par des stimulants artificiels, et que ses produits sont aussi contre nature, pour se servir de l'expression souvent citée d'Adam Smith, que le vin provenant des Raisins obtenus dans les serres de l'Ecosse. Si le prix de la production dans cette industrie est plus élevé qu'il ne faudrait, cela est dû à des causes naturelles, inhérentes à la condition d'un pays neuf et d'une population croissante, au taux élevé des capitaux nécessaires à la fondation et au soutien des entreprises industrielles, enfin aux prix plus élevés du travail exigés par le plus grand développement social et éducationnel de notre population ouvrière.

On oublie trop souvent la facilité que l'on a, en Europe, de se procurer des capitaux à bas intérêt. Ce que disait Burke, il y a quatre-vingts ans, au sujet des avantages que l'Angleterre avait sur la France, peut se dire avec tout autant de force pour toutes les nations d'Europe par rapport à l'Amérique : « Notre capital nous donne une supériorité « avec laquelle nous pouvons défier tous les efforts de la « France à rivaliser avec nos manufactures. Dans le com- « merce, la puissance du capital est irrésistible : le capital « domine, gouverne, va même jusqu'à la tyrannie ; il excite « le fort, et abat le faible. »

Le tableau suivant, qui montre le taux d'intérêt comparé en Angleterre, en France et aux Etats-Unis, est assez gros d'enseignements pour justifier son insertion.

ANNÉES.	ANGLETERRE.		BANQUE de France.	ÉTATS-UNIS.
	Taux du marché.	Taux de banque.		
1846. . . .	3.79 p. 100.	3.21 p. 100.	4,00 p. 100.	8.35 p. 100.
1847. . . .	5.85 —	5.21 —	4.92 —	9.54 —
1848. . . .	3.21 —	3.71 —	4.00 —	15.12 —
1849. . . .	2.31 —	2.94 —	4.00 —	10.08 —
1850. . . .	2.25 —	2.52 —	4.00 —	8.02 —
1851. . . .	3.06 —	3.00 —	4.00 —	9.68 —
1852. . . .	1.91 —	2.15 —	3.21 —	6.42 —
1853. . . .	3.67 —	3.69 —	3.21 —	10.21 —
1854. . . .	4.94 —	5.31 —	4.33 —	10.37 —
1855. . . .	4.67 —	5.64 —	4.42 —	8.96 —
1856. . . .	5.90 —	5.90 —	5.54 —	8.92 —
1857. . . .	6.69 —	6,59 —	6.00 —	12.77 —
1858. . . .	3.15 —	3.23 —	3.67 —	4.99 —
1859. . . .	2.74 —	2.74 —	3.46 —	6,59 —
1860. . . .	4.42 —	4.42 —	3.67 —	6.80 —
Taux moyen de 15 années. .	3.90 p. 100.	4.02 p. 100.	4.16 p. 100.	9.12 p. 100.

En présentant ce tableau, d'après lequel le taux moyen de l'intérêt de quinze années a été plus du double de la moyenne sur l'ancien continent, M. Bigelow observe : « tout étonnante que soit cette différence, il faut en prendre « son parti, car il en est toujours ainsi dans les pays rela- « tivement nouveaux et partiellement habités, comparative- « ment aux pays depuis longtemps constitués. Ni la loi ni « les conditions, aux Etats-Unis, ne sont favorables à de

« grandes accumulations de capitaux. Comme chez nous, le
« chiffre des capitaux est relativement petit et réparti sur
« une grande surface, leur service se fait payer d'autant plus
« chèrement, et il en sera ainsi tant que l'étendue de notre
« sol sera hors de proportion avec le nombre et les besoins
« des habitants. Sous ce rapport l'assimilation de la condi-
« tion où nous sommes avec celle de l'Angleterre ne pourra
« être que graduelle et lente ; elle attendra et suivra l'oc-
« cupation de notre territoire encore désert ; elle ne sera
« réalisée qu'après le plein développement de nos ressources
« intérieures. »

A l'étranger, particulièrement en Allemagne et en Belgique, où se trouvent nos compétiteurs les plus formidables,
les prix du travail, comme nous le montrerons plus tard en
détail, sont à peine la moitié des prix que nous payons en
Amérique ; on les a réduits au taux le plus bas possible, à
peine suffisant pour laisser vivre le travailleur. Puisque nous
nous sommes placés, comme esprit d'entreprise et comme
habileté, au niveau des autres nations, notre capacité
propre de compétition a atteint sa limite, et notre industrie
lainière ne pourrait se soutenir en concurrence avec la production étrangère, à moins de pouvoir commander le capital à des conditions égales, ou à moins de compenser la
différence qui est contre l'Amérique par des mesures légis-
latives. Ce n'est que pour neutraliser les avantages dont jouit
l'étranger dans le capital à bon marché et dans le travail à
bas prix, que nos fabricants lainiers sollicitent des droits
protecteurs ou, pour s'exprimer plus exactement, des *droits
défensifs*. Les droits sur la laine payés par le fabricant, et
remboursés théoriquement par les droits spécifiques sur les
articles de draperie, sont invoqués par les éleveurs de moutons pour des motifs semblables. Bien entendu, nous ne par-
lons que de l'industrie qui nous concerne, au sujet de laquelle on peut affirmer, avec confiance, que chaque broche
et chaque métier qu'elle emploie seraient arrêtés si l'on ren-
versait les barrières définitives aujourd'hui opposées par nos

tarifs. Les capitaux et le travail, actuellement employés avec toutes leurs capacités effectives dans le présent état de l'art, ne pourraient pas résister un instant sans autre appui dans une lutte avec l'industrie étrangère, qui dispose de capitaux et de travail moitié moins chers que chez nous. On a souvent cherché à nous rassurer, en nous disant que les frais de transport présentaient un obstacle en notre faveur et contre l'étranger ; mais c'est là un avantage qui ne pèse pas un fétu. Par conséquent, si l'on abandonnait l'industrie lainière uniquement à ses forces, on verrait 200,000 ouvriers retomber sur le pays, qui aurait à chercher un autre emploi pour eux ; la consommation de denrées agricoles serait brusquement interrompue pour ces hommes et pour leurs familles. L'élève des moutons, uniquement encouragée par la fabrication américaine, avec tous les autres services qu'elle rend en fournissant un aliment à bon marché et en fertilisant le sol, serait délaissée, et les 200,000 personnes qui en vivent se verraient rejetées sur d'autres branches de l'industrie agricole. Enfin le bienfait, tant désiré, des tissus à bon marché ne durerait juste que pendant la courte période nécessaire à anéantir notre industrie manufacturière. Appliquez ce système à toutes les industries américaines, et vous ferez de nous un peuple uniquement agricole, végétant dans une apathie sans espoir, et déclinant vers le niveau où se traîne la civilisation de la Turquie, de l'Irlande et de nos propres Etats du Sud.

Plus haut nous avons émis l'idée que l'élève du mouton en Amérique était solidaire de l'industrie lainière américaine. D'autres ont, au contraire, prétendu que notre pays pourrait arriver à produire avantageusement de la laine pour l'exportation.

L'erreur de cette prétention a été démontrée par le Dr Elder, qui, pour montrer l'insignifiance de nos exportations de laine, les a placées en regard des importations de poupées et de cartes à jouer. De 1858 à 1864 inclusivement, le total de nos exportations de laine domestique pour tous pays s'est élevé à **8,629,000** francs, les deux tiers de cette quantité à destination de pays limitrophes qui nous envoient toujours plus de laine que nous leur en envoyons. Pendant la même période, les joujoux et poupées importés aux Etats-Unis ont représenté une valeur de **12,417,445** francs. On voit, par là, que jamais nous n'avons eu, pour nos laines, un marché à l'étranger. Il est clair, d'ailleurs, que le haut prix du travail en Amérique, qui empêche la vente, au dehors, de nos laines, doit engager nos éleveurs à limiter leurs productions pour satisfaire la consommation domestique, ce qui évidemment solidarise les intérêts des deux côtés.

Telle fut aussi la manière de voir chez toutes les nations continentales d'Europe, quand la paix ramena le travail après les grandes guerres de Napoléon. A cette époque, l'Angleterre contrôlait tous les marchés du continent, elle était prête à les inonder de ses marchandises à bon marché. Mais chaque nation du continent les refusa ; chacune d'elles éleva des barrières définitives, on sait avec quels résultats pour leurs propres richesses et pour le progrès industriel du monde ! « Au lieu d'un seul atelier, l'Europe a l'atelier de « France, de Russie, d'Autriche, de Prusse, de Belgique, de « Suède, de Danemark, d'Espagne. Chaque nation habille « son propre peuple avec des étoffes solides ; chacune déve-« loppe son génie créateur et ses ressources particulières ; « chacune aide à remplacer la médiocrité du monopole par « l'excellence de la compétition ; chacune enfin aide au « progrès des arts, à la richesse et au confort de l'espèce « humaine. »

Industrie lainière en Europe.

L'un des plus grands avantages des fabricants européens, c'est d'avoir toutes les facilités possibles pour observer les procédés et pour comparer les produits les plus parfaits des nations les plus avancées. En donnant les notices suivantes sur l'industrie lainière des principales nations manufac-

turières, on espère stimuler l'ardeur des fabricants américains, afin qu'ils étudient de près les opérations des établissements les plus instructifs à l'étranger; on espère, également, faire comprendre au lecteur, en général, toute
l'importance du rôle que l'industrie lainière joue dans le
mouvement industriel du monde.

FRANCE.

L'Angleterre et la France sont, à peu de chose près, égales
pour la quotité de la production; mais, comme perfection,
la France est à la tête de toutes les nations dans la fabrication lainière. Ses produits sont les plus dignes de nous servir de modèles. Les laines qu'elle récolte sur son sol sont
celles qui ressemblent le plus aux nôtres. Il y a donc pour
nous un très-vif intérêt à profiter des renseignements qui
ressortent de l'immense déploiement de ses produits à l'Exposition universelle, et des documents précis renfermés
dans les publications françaises ayant autorité.

Les principaux articles de laine à l'Exposition étaient
rangés en deux classes : les classes 29 et 30.

La classe 29 comprenait les fils et les tissus de laine peignée, c'est-à-dire les laines peignées, les fils de laine peignée et cardée, les tissus de pure laine peignée, les flanelles
et étoffes de fantaisie de laine cardée et légèrement foulée,
et les tissus de laine mélangés d'autres matières. Ces articles
ont leurs principaux centres de production à Reims, à
Roubaix, à Saint-Quentin, à Amiens, à Mulhouse, à Sainte-
Marie-aux-Mines, à Rouen, à Fourmies, à Cateau en Cam-
brésis, et finalement à Paris. Voici les déclarations du comité d'admission de cette classe :

En 1835, les laines de France jouaient un rôle relativement plus important qu'aujourd'hui dans l'approvisionnement de ses manufactures. On connaissait peu, à cette
époque, les laines d'Australie, dont nous avons importé
23 millions de kilogrammes en 1865; d'un autre côté, les

importations d'Espagne, d'Allemagne, de Turquie et d'Algérie n'ont point perdu de leur importance ; elles se sont élevées, pendant la même année de 1865, à près de 50 millions de kilogrammes. Ces diverses laines sont, aujourd'hui, peignées et filées par des machines d'une grande perfection. Le tissage mécanique des étoffes de laine, à peine expérimenté en 1855, a acquis, notamment depuis 1862, un développement rapide qui tend à s'accroître chaque jour. Cependant le tissage à la main n'a pas diminué d'importance ; il est demeuré à peu près stationnaire, tandis que l'augmentation de la production manufacturière est due à l'emploi des moyens mécaniques. Le nombre des ouvriers tissant mécaniquement est beaucoup moindre que ceux qui travaillent à la main dans leur famille. La proportion des femmes employées au peignage et à la filature, ainsi qu'au tissage des étoffes de laine, est estimée à la moitié dans certaines contrées et aux deux tiers dans quelques autres. Presque toutes les étoffes de laine peignée, fabriquées en France, ont beaucoup baissé de prix depuis 1855. Les exportations de tissus de laine de toute sorte, de 165 millions en 1855, se sont élevées, en 1865, à 396 millions. Les fils et étoffes de laine peignée figurent pour 279 millions. Les perfectionnements observés sont : des méthodes nouvelles de peignage et de filature ; d'ingénieux moyens d'impression facilitant le travail de l'ouvrier ou de la machine ; l'application des produits d'aniline comme matière colorante.

Les produits exposés dans la classe 30, comprenant les fils et les tissus de laine cardée, forment quatre séries principales : 1° les draps lisses noirs et de couleur, les draps pour billards et voitures, les draps-édredons et les draps-castors ; 2° les draps à paletots façonnés et ceux pour vêtement de dame ; 3° les draps de nouveauté pour pantalons ; 4° les articles pour jaquettes et vêtements complets. Ces produits sont fabriqués en France dans cinq groupes principaux :

1° Le groupe de la Normandie, dont le centre est la ville

d'Elbeuf. Cette ville et celle de Louviers, ainsi que Vire, Lisieux et Romorantin, ont la spécialité des tissus à bon marché, tels que les draps de fantaisie et pour paletots *pilote*, les nouveautés pour pantalons et les articles en velours de laine pour manteaux de dames.

2° Le groupe des Ardennes, dont le centre est Sedan, où se fabriquent principalement les tissus noirs, tels que les draps-satins, les casimirs, les draps pour paletots et les articles en velours de laine.

3° Le groupe de l'Isère, dont le centre est Vienne, qui produit généralement des articles à bas prix pour pantalons, paletots, etc.

4° Le groupe du Haut-Rhin et de la Moselle, dont le centre est Bischwiller, et qui produit des draps-satins. Les grosses étoffes pour la campagne sont fabriquées principalement à Nancy.

5° Le groupe du Midi, comprenant les villes de Carcassonne, Mazamet, Saint-Pons et Bédarieux, qui produisent généralement tous les tissus à bas prix énoncés ci-dessus.

La grande généralité des laines employées par l'industrie des draps provient de l'étranger ; les laines de France sont particulièrement employées pour les draps communs. Le travail mécanique a remplacé, presque partout, le travail manuel. Le tissage à la main se maintient seulement par la fabrication des articles dont le dessin, sujet aux caprices de la mode, exige une grande variété. De ce nombre sont les étoffes pour pantalons, jaquettes et vêtements de dames. En réduisant le prix de l'objet fabriqué, le travail mécanique provoque une plus grande consommation et emploie plus d'ouvriers. On peut évaluer que la main-d'œuvre et les frais généraux, en considérant en masse les étoffes d'hiver et d'été, ajoutent un tiers au prix de la matière première. Le nombre d'ouvriers travaillant chez les patrons s'élève, à peu près, aux deux tiers du chiffre total ; le reste des ouvriers qui travaillent à la main s'occupe chez lui. Tous sont généralement à la tâche. Les femmes employées comp tent, environ, pour les deux cinquièmes. En général, les industriels vendent directement leurs tissus à de grandes maisons de commerce de Paris et des départements ; celles-ci envoient des voyageurs, en France et à l'étranger, pour le placement des produits. L'exportation a été, en **1865**, de **5,500,000** kilogrammes, d'une valeur approximative de **71** millions de francs. La production annuelle de la France est d'environ **250** millions de francs.

Traits généraux de l'industrie française.

Avant de procéder à la description des différents centres industriels de la France, il ne sera pas inutile de peindre à grands traits la physionomie générale de l'industrie lainière française. Pour commencer nous emprunterons quelques passages à l'allocution que M. John L. Hayes adressait, en 1866, sous le titre de : *La toison et le métier*, à l'Association nationale des fabricants d'étoffes de laine.

« Quand on étudie les traits caractéristiques principaux des industriels français, la part qu'ils ont prise au perfectionnement de l'industrie lainière et à l'accroissement des moyens de consommation, on s'aperçoit qu'ils ne sont pas parvenus à produire avec cette économie qui distingue les industriels anglais. Pouvant disposer d'une main-d'œuvre abondante, peu chèrement payée, à cause du bas prix des objets d'entretien, ils sont restés très-loin des Anglais et des Américains dans la substitution du travail mécanique au travail à bras. Visant à la plus haute perfection dans leurs produits, ils craignent que la machine fasse incliner vers la médiocrité. L'habileté de leurs ouvriers étant prodigieuse, ils rejettent systématiquement toute machine qui ne surpasse pas les manipulations de la main humaine. La filature, cette base de toute bonne texture, est parfaite en France. Les fils tirés de la laine peignée ou cardée partout ailleurs que chez eux, exposés à Londres, avaient **10, 20** et jusqu'à **30** nombres de moins que les fils français. Il excellent à rendre meilleure la matière première, en lui donnant plus de moelleux et plus de souplesse. Dans les arts textiles, on peut dire que les Français sont *créateurs*, pendant que les Anglais sont *exploiteurs*. Les premiers inventent les tissus nouveaux, les combinaisons nouvelles avec des matériaux anciens, de nouveaux genres et de nouveaux modèles, ce qu'en un mot on appelle les nouveautés françaises. Les seconds travaillent sur les idées françaises, copient, transforment, délayent et, par-dessus tout, font bon marché. La plupart des autres nations suivent l'exemple des Anglais, et nous, Américains, nous ne faisons pas exception.

« Parmi les contributions à l'industrie lainière effectuées par le génie inventif ou créateur du Francais, nous mentionnerons d'abord la machine *Jacquard*, dont les produits merveilleux se rencontrent dans tous les articles à figures ; ensuite la machine à peigner la laine et aussi le coton, inventée par *Heilmann*, de Mulhouse, invention intéressante non-seulement à cause de sa grande importance, mais encore à cause des circonstances qui ont présidé à son origine. D'après ce qui a été raconté par l'inventeur lui-même, l'organe le plus original et le plus précieux de cette machine, dont il avait vainement poursuivi la découverte, lui fut enfin révélé en voyant ses filles se peigner les cheveux. A cette époque, Heilmann méditait tristement sur la destinée si souvent ingrate des inventeurs en général, et sur l'infortune qui s'attachait à leurs familles. Cette circonstance, dit M. Woodcroft, ayant été communiquée à M. Elmore, membre de l'Académie royale de peinture, celui-ci en fit le sujet d'un tableau, grandement admiré, qu'il exposa à l'Académie royale en 1862.

« Nous nous servons tous des créations françaises, souvent sans nous douter de leur origine. Avant 1834, tous les draps foulés étaient de couleur uniforme. A cette époque, M. *Bonjean*, de Sedan, imagina d'embellir les produits de ses métiers, en combinant différentes teintes et plusieurs dessins dans la même étoffe. C'est à lui que l'on doit le produit et le nom de *casimirs de fantaisie*, devenus chez nous l'une des branches les plus importantes de notre fabrication drapière.

« Les Français, déjà habiles à façonner des gazes légères en soie, furent les premiers à fabriquer des *baréges* en **1818**, tissus où la trame est de laine et la chaîne de soie. Aussitôt les Anglais imitèrent l'étoffe ; seulement, au lieu de soie, ils mirent du coton dans la chaîne. En **1826**, M. *Jourdain*, de Trois-Villes, fabriqua le premier cet admirable tissu, appelé *mousseline de laine*, dans la texture duquel entrait la laine la plus fine, et qu'il avait rendue susceptible de recevoir l'impression. Dès **1831**, on trouve la fabrication et l'impression de ce tissu généralisées. En **1838**, le même fabricant créa le *challis* à chaîne de soie organsin et à trame de fine laine. En **1833**, on vit paraître pour la première fois, présenté simultanément par trois maisons, ce tissu si approprié à la consommation des masses, la *mousseline de laine*, à chaîne de coton. Dans le courant de **1834-35**, l'invention nouvelle fut adoptée en Angleterre, et depuis elle constitue partout un important article de manufacture. Ce tissu de mousseline-laine, qui est, sans aucun doute, une idée française, est un bienfait véritablement inestimable. Ses produits se comptent par millions de pièces, et permettent à la femme la plus humble de se vêtir plus confortablement et plus convenablement, en même temps qu'avec autant d'économie, avec de la laine, qu'elle n'aurait pu le faire, il y a trente ans, avec du coton. En **1858**, arrivent les *baréges* unis pour impression. Auparavant on les fabriquait avec des fils colorés. Vers la même époque, on commence à fabriquer, à Saint-Denis, des foulards à chaîne de soie et à trame de laine peignée anglaise. Mais le tissu le plus apprécié par les dames, le tissu de laine moderne par excellence, est cette étoffe admirable qui emprunte son nom à la toison qui a servi à sa confection, le *mérinos français*. On le doit à un ouvrier du nom de *Dauphinot Palloteau* qui la fabriqua à Reims en 1801. Cette invention, pour laquelle une patente fut demandée (on ignore si ce fut avec ou sans succès), consiste uniquement dans l'adaptation d'un type particulier de laine, plutôt que dans la combinaison du tissu lui-même.

« Le génie créateur des Français se révèle avec plus de
« puissance dans les arts du dessin et de la couleur appli-
« qués à tous les produits textiles. Dans l'usage tout moderne
« des tissus de laine imprimés, il y a un champ d'action illi-
« mité pour l'application de ces arts et pour l'esprit d'inven-
« tion. Les manufacturiers de France qui se font le plus dis-
« tinguer par la nouveauté de leur style et par l'originalité
« de leurs dessins vont retremper leur goût au foyer du
« génie parisien, légitime successeur de l'ancienne splen-
« deur de Versailles. Selon M. Benoville, chaque consom-
« mateur parisien est un juge, et devient un guide pour le
« négociant et pour le manufacturier. Les Parisiens n'aiment
« que ce qui est de bonne qualité, et ne consacrent que ce
« qui est beau. La grisette aussi bien que la grande dame,
« l'artisan aussi bien que le dandy, ont reçu et pratiquent,
« sans s'en douter, les traditions de l'art. Il n'y a pas un
« manufacturier en Europe qui se fasse scrupule de copier
« les échantillons français. En Amérique, on a fait la loi des
« brevets d'invention de telle façon que, si elle protége
« toutes les autres œuvres d'invention étrangère, elle permet
« qu'on s'approprie impunément les œuvres du pinceau et
« de la palette des Parisiens.

« C'est ainsi que, soit par importation, soit par imitation,
« dans le monde entier, les vrais amateurs du beau, aussi
« bien que les *sophistes, les économistes et les calculateurs*
« dont l'avénement, après la chute de Marie-Antoinette,
« est si pathétiquement déploré par Burke, rendent hom-
« mage à la France, ce berceau du goût et de la mode. »

Culture du goût.

La manière dont on cultive le goût, en France, mérite d'être étudiée et imitée en Amérique. Ecoutons, à ce sujet, ce que dit le Dr *Ure* sur les habitudes et coutumes des tisserands de Lyon :

« Les tisserands lyonnais, les enfants eux-mêmes, et tous
« ceux qui sont à la recherche des modèles, accordent la
« plus grande attention à tout ce qui a un rapport quel-
« conque avec le beau, soit comme dessin, soit comme
« figure. On peut observer les tisserands allant, aux jours
« de fête, cueillir des fleurs et s'amusant à les grouper de
« mille manières séduisantes. Ils suggèrent continuellement
« des dispositions nouvelles à leurs patrons, et concourent
« ainsi à former une source féconde d'élégants dessins
« d'échantillons.

« Il y a à peine une maison considérable de Lyon où l'un
« des associés ne doive sa position à ses succès comme ar-
« tiste dessinateur. On est si convaincu, à Lyon, de l'im-
« portance des études du dessin de fabrique, que la ville
« contribue pour une somme annuelle de 20,000 francs à
« l'Ecole des beaux-arts, entretenue par le gouvernement.
« Cette école reçoit tous les jeunes gens qui révèlent des
« aptitudes pour le dessin applicable à la fabrique. Tous les
« meilleurs peintres, les sculpteurs, même les botanistes et
« les jardiniers-fleuristes de Lyon, associent leurs travaux
« à l'industrie capitale de l'endroit, et lui consacrent leurs
« plus heureuses conceptions, leurs plus fraîches décou-
« vertes. L'école principale du palais Saint-Pierre compte
« environ cent quatre-vingts élèves, à qui la ville donne
« gratuitement, pendant cinq ans, une éducation artistique.
« Le cours des études comprend le dessin anatomique, la
« botanique, l'architecture et le dessin des cartons pour les
« métiers. Un jardin botanique est annexé à l'école, qui
« fournit aux élèves tout ce dont ils ont besoin, l'entretien

« excepté, et qui leur permet de tirer bénéfice de leur tra-
« vail. L'allocation du gouvernement à l'école de Lyon ne
« dépasse pas **3,100** francs par an. Le professeur de pein-
« ture qui dirige l'établissement est un homme d'un talent
« distingué, bien connu des amateurs.

« Le fabricant français estime avec justesse que son prin-
« cipal élément de succès commercial est son dessin
« d'échantillon, car le travail du tissage est une opération
« assez simple avec le métier à la Jacquard perfectionné.
« Il va donc à l'école et y choisit l'élève qui, par son goût
« et son esprit d'invention, promet le mieux de convenir à
« ses projets. Il l'invite à sa table, et lui donne un petit
« appointement qui ne tardera pas à grossir. L'un de ces
« fabricants avoua au Dr Bowring qu'il employait trois de
« ces jeunes gens, dont le plus jeune gagnait **1,000** francs
« par an. Si, après trois ou quatre ans, les succès du jeune
« artiste sont remarquables, ses appointements arrivent fa-
« cilement au double ou au triple de cette somme. Et, quand
« sa réputation est bien établie, il est sûr de se voir offrir
« une position d'associé. Telle est, en général, l'histoire
« d'une foule d'élèves de Lyon. Mais il n'est pas rare de
« voir le tisseur français, qui ne gagne que **1** fr. **50** à **2** fr.
« par jour, faire parade de ses connaissances en dessin. Il
« collectionne des centaines d'échantillons, discute leurs
« mérites respectifs, et se trompe rarement dans ses pré-
« dictions de succès en face d'un nouveau dessin. Grâce à
« cette disposition, l'esprit des tisseurs de soie français
« s'élève et se raffine, au lieu de se perdre dans les caba-
« rets, comme il arrive si souvent chez les Anglais. Dans les
« échantillons à fleurs, les dessins français sont remarqua-
« blement corrects, ce qui est dû à ce qu'ils sont copiés
« d'après nature avec une précision étonnante. Ils four-
« nissent du goût au monde entier, en proportion à leur
« exportation, qui est de **110** millions sur une production
« totale de **140** millions. On peut, à l'école de Lyon, étudier
« une collection de tissus de soie, qui embrasse une pé-

« riode de quatre mille ans, avec explications sur les moyens
« qui ont servi à fabriquer chaque échantillon, depuis le
« rude tissu de la momie égyptienne jusqu'aux tissus his-
« toriés de nos jours. »

Mentionnons, pour finir ce chapitre, que la chambre de
commerce de Lyon a sollicité et obtenu du gouvernement
français la permission d'autoriser M. Chevreul, l'éminent
directeur des teintures aux Gobelins, de faire une leçon aux
artisans de Lyon sur *les lois du contraste simultané des
couleurs,* lois que ce savant illustre a découvertes et si admirablement élucidées. Une fois ces lois expliquées, on
arrive à assortir les couleurs de manière à obtenir le maximum de leur effet, et les principes du goût qui dirigent
l'arrangement des couleurs deviennent aussi clairs que les
principes de l'harmonie en musique.

DE LA TEINTURE EN FRANCE ET DES SERVICES RENDUS A L'ART PAR LA SCIENCE MODERNE.

Si l'art de la teinture n'existait pas, le goût ne pourrait
s'exercer que d'une façon fort limitée dans l'industrie
textile. La teinture est aux tissus ce que le soleil d'été est au
paysage, la source de tout ce qui ravit la vue par la lumière
et la couleur. Quand nous admirons les splendeurs de l'impression et de la coloration déployées par les tissus de notre
époque, nous ne devrions jamais oublier qu'elles sont dues
à l'intelligence et à la science des hommes d'Etat et des savants de la France des générations passées.

Lorsque le grand Colbert introduisit les manufactures
dans sa patrie, il donna une attention particulière aux perfectionnements dans l'art de la teinture. En **1672**, il fit publier une sorte d'instruction *pour la teinture des laines et
pour la fabrication des lainages de toutes couleurs.* Il montra
que la teinture avait droit à l'intérêt public, à cause du
surplus de valeur qu'elle communiquait à un grand nombre
d'articles du commerce. « Si les produits de laine, de soie

« et de fils, dit Colbert, doivent être considérés comme con-
« tribuant le plus au développement du commerce, la tein-
« ture, qui leur donne cette variété frappante du coloris, et
« par là les rapproche de ce qu'il y a de plus beau dans la
« nature, doit être envisagée comme l'âme des tissus, sans
« laquelle le corps pourrait à peine exister. La laine et la
« soie, qui, par leur couleur naturelle, rappellent la rudesse
« des temps anciens plutôt que le génie et les progrès du
« temps présent, seraient peu recherchées si l'art de la tein-
« ture ne leur donnait un attrait qui les recommande
« même aux nations les plus barbares. Tous les objets
« visibles se distinguent par la couleur ; mais, pour répondre
« aux vues du commerce, il est nécessaire que non-seule-
« ment les couleurs soient belles, mais encore qu'elles soient
« solides et que leur durée égale celle de la matière dont
« elles sont l'ornement. »

Ces idées portèrent leurs fruits dans les magnifiques
tapisseries des Gobelins, et, plus pratiquement, dans les
fameux draps noirs de Sedan, les uns et les autres dus à
ce grand homme d'État. De son temps déjà, on appliquait
la teinture à l'impression des cotons. L'industrie des calicots imprimés fut fondée, en Hollande, par un Français,
pendant le XVII⁰ siècle. En 1690, un Français également la
transplanta sur les bords de la Tamise. Vers la même époque,
un réfugié français l'établit à Neufchâtel, d'où elle fut ra-
menée dans son pays d'origine par le célèbre Oberkampf.
Depuis Colbert, l'art de la teinture resta l'une des principales préoccupations du gouvernement en France. Hellot,
Macquer, Berthollet, tous chimistes éminents, furent successivement chargés de surveiller les pratiques de la teinture et de cultiver les branches scientifiques susceptibles de
favoriser les progrès de l'art. Chacun de ces chimistes a
laissé des traités pratiques de teinture d'une grande valeur.
L'ouvrage de Berthollet, publié en 1791, devint l'ouvrage
classique de l'époque, car il contenait, outre l'exposition
détaillée des opérations pratiques de l'art, les vues théo-

riques des principes sur lesquels cet art est fondé. Ces ouvrages, et ceux de Chaptal, qui, pendant qu'il était ministre de l'intérieur, avait pris de l'intérêt à la teinture, contenaient presque tout ce qui concernait l'art de la teinture vers la fin du siècle dernier. Les Anglais les plus instruits de cette époque, tels que M. *Anderson*, auteur d'une *Histoire du commerce*, et M. *Howe*, auteur d'une étude sur le blanchiment, n'ont pas hésité à reconnaître la supériorité des articles de manufacture française sous le rapport du brillant du coloris, et à l'attribuer à la sollicitude du gouvernement d'alors.

L'Exposition de Paris a été l'occasion d'une magnifique étude sur la teinture et sur l'impression des tissus par M. *Kœppelin*. Ce traité, l'ouvrage plus étendu de M. *Schützenberger* publié, en **1867**, sous les auspices de la Société industrielle de Mulhouse, et l'admirable rapport du Dr *Hoffmann*, président de la Société chimique de Londres, publié en **1863**, nous donnent d'amples informations sur les progrès de l'art pendant le siècle présent.

L'un des progrès les plus remarquables de l'art de la teinture fut la découverte, par le célèbre *Vauquelin*, au commencement de ce siècle, du chrome, métal dont les composés ont reçu, depuis, tant d'applications industrielles, surtout pour l'impression des mousselines et des calicots. Parmi ces composés, il faut mentionner le chromate de plomb, préparé, pour la première fois, en **1819**, par *Lassarque*, pour l'impression des colonnades, et l'oxyde de chromium combiné avec l'acide arsénieux pour former le vert, appliqué par *Courez*. En **1810**, *Loffet* introduisit le procédé de fixer les couleurs au moyen de la vapeur pour imprimer les châles de cachemire, évitant par là l'immersion des tissus dans un bain de teinture. Pendant les années **1837, 1838, 1839, 1840** et **1845**, la belle découverte de Loffet reçut ses plus remarquables applications dans la fabrication des mousselines de laine et des tissus de laine à chaîne de coton, où les couleurs étaient fixées par la vapeur.

C'est à cette application qu'est due la vaste extension de la fabrication des tissus de laine imprimés, qui constitue aujourd'hui la partie la plus importante de l'industrie des laines peignées en France, et la seule branche qui ait été suivie avec succès en Amérique. L'application des couleurs à la vapeur aux tissus de coton a vigoureusement progressé depuis la découverte du stannate de soude par M. Steiner, qui permet au teinturier de donner à l'impression une solidité et un lustre qui lui manquaient auparavant.

De toutes les découvertes de la chimie moderne, il n'y en a pas de plus brillante que celle de la production, à bas prix, de l'*ultra-marine*, obtenue, en **1828**, par Guimet, qui s'en est assuré la propriété par un brevet. Cette substance fournit une couleur bleue d'une intensité et d'une pureté incomparables ; on la remplaçait auparavant en opérant par lévigation sur le *lapis-lazuli* pulvérisé, tiré, par petites quantités, de la Sibérie. Celle-ci valait, dans les arts, **125** francs l'once, plus que la valeur du même poids d'or. On produit l'ultra-marine artificielle en combinant les mêmes corps, la soude, la silice, le soufre et l'alumine, qui constituent le lapis-lazuli ; par cette combinaison on obtient une matière dont la couleur brillante égale celle de l'ultra-marine naturelle. De **6,000** fr. qu'elle coûtait, elle est arrivée à **6** fr. le kilogramme. Les premières impressions à l'aide de l'ultramarine artificielle, fixée, au moyen de l'albumine, sur les mousselines de laine, remontent à **1834**. Cette superbe couleur remplace, dans les plus riches tissus de France, les teintes plus ternes obtenues au moyen de l'indigo et du bleu de Prusse.

Nous ne devons pas passer sous silence une autre série d'inventions, quoiqu'elles intéressent plus spécialement l'impression des tissus de coton. Dans la teinture de ce textile, la Garance est la matière colorante la plus importante à cause de sa fixité. Très-recherchée et très-nécessaire pour les teintes brillantes, elle a été l'objet de travaux ayant pour but de dégager de toute substance étrangère le principe colorant de la racine de Garance. Sous ce rapport les manufacturiers français ont obtenu des résultats remarquables. En 1826, MM. Robiquet et Collin découvrirent, dans la racine de Garance, le principe de l'*alizarine*, dont les Anglais ont fait un article de commerce sous le nom de *pincoffine*. Les mêmes chimistes, en 1828, parvinrent à extraire de la même racine la *purpurine*, qu'ils considérèrent comme une substance distincte de l'alizarine. La purpurine fournit un rouge plus vif que l'alizarine, et se prépare maintenant dans le commerce. Depuis cette époque, on est arrivé à concentrer le principe colorant de la Garance sous la forme de *garancine* ou *fleur de Garance*. On la prépare, en France, par grandes quantités pour le commerce, son emploi s'étant montré très-avantageux, tant au point de vue de l'économie que de la franchise de la couleur. Ces nouvelles substances sont très-propres à teindre la laine. Si l'on soumet de la laine à un mordant composé d'alun et de crème de tartre, on obtient, avec la purpurine, un rouge cramoisi brillant ; si le mordant se compose de tartre et d'une solution d'étain, la purpurine donne un rouge écarlate presque aussi beau que celui de la cochenille.

Pour bien faire comprendre les avantages résultant des améliorations récentes à l'aide desquelles la matière colorante de la Garance est obtenue sous une forme plus pure et plus concentrée, nous dirons quelques mots sur les procédés les plus usuels de la teinture. On peut diviser ces procédés en trois classes :

1° Ceux où les couleurs sont fixées sans mordant, comme dans la teinture en bleu avec de l'indigo, soit en teinte uniforme, soit dans les étoffes où les blancs sont réservés au moyen d'une application qui empêche le contact de la teinture avec les parties devant rester sans couleur ;

2° Ceux où les mordants sont d'abord appliqués sur les tissus, soumis ensuite aux opérations subséquentes de la teinture, telles qu'immersion dans le liquide colorant, etc.:

ce procédé, jusqu'à ces derniers temps, était nécessairement employé pour toutes les teintures à la Garance :

3° Ceux où mordants et matières colorantes sont préalablement combinés pour former la couleur qui doit servir à l'impression. Cette couleur reçoit alors le nom de *couleur d'application*. Dans les procédés de cette classe, les tissus imprimés sont suspendus dans un récipient rempli de vapeur d'eau en ébullition, qui produit les mêmes effets que la teinture par trempage dans un bain liquide ; les couleurs se fixent immédiatement sur les fils des tissus.

Par le procédé à la vapeur, l'opérateur peut imprimer et fixer rapidement un nombre indéfini de couleurs, et terminer, par les deux ou trois opérations d'impression, de fixage et de lavage, un travail qui demandait plusieurs semaines quand on teignait, après l'impression, avec mordants. Presque toutes les matières colorantes connues pouvaient être fixées, par les procédés de la troisième catégorie, sur les tissus de laine, de soie et de coton. Seule la matière colorante de la Garance n'est pas isolée dans des conditions assez avantageuses d'assimilation pour pouvoir être soumise à l'application par la vapeur dans l'opération du fixage.

Ce n'est guère que depuis peu de temps que la Garance, comme couleur d'application, a trouvé son plus important emploi. Des tissus magnifiques, imprimés par ce procédé dans deux établissements, l'un en France, l'autre en Bohême, étaient étalés à l'Exposition. A leur sujet, M. Kæppelin s'exprime de la manière suivante :

« Il est évident que les longues et difficiles opérations
« nécessitées pour fixer sur les tissus les matières colorantes
« végétales sont devenues très-simples, et que la nouvelle
« manière de fixer la matière colorante de la Garance, pré-
« parée et combinée avec les différents mordants, s'associant
« avec la belle et simple fabrication des couleurs d'aniline,
« entraînera la plus précieuse conquête pour l'industrie de
« l'impression des tissus. Au lieu des anciennes couleurs à
« la vapeur, qui laissaient beaucoup à désirer sous le rap-

« port de la solidité, les couleurs garance, mariées avec les
« brillantes couleurs dérivées du goudron de houille et avec
« les couleurs minérales solides et résistantes, telles que
« l'ultra-marine et le vert de chrome de Guimet, remplace-
« ront les couleurs fugitives du bois de teinture. La fabri-
« cation sera plus parfaite, et réunira la solidité et le bril-
« lant des couleurs à la délicatesse d'exécution, qui ne peut
« s'obtenir que de machines qui impriment mécani-
« quement. »

On sait, depuis longtemps, que certaines espèces de Li-
chens, exposées simultanément à l'action de l'ammoniaque,
de l'humidité et d'une température douce, acquièrent graduellement une couleur pourpre foncé qui a la propriété de
donner à la laine et à la soie des nuances pures et brillantes. Cette couleur est connue sous le nom d'*orseille*, dont
une nouvelle espèce a été introduite, en 1856, par
MM. *Guinon, Marnas* et *Bonnet,* sous le nom distinctif de
pourpre française. Cette nouvelle orseille donne des nuances
mauve et dahlia très-tendres sur la soie et la laine, sans
l'intervention des mordants ; elle s'associe facilement avec
d'autres matières colorantes, telles que l'ultra-marine, l'indigo, le carmin, la cochenille, le rouge d'aniline, etc., produisant avec elles les nuances les plus variées et les plus
délicates. La fabrication de la pourpre française, quoique
très-étendue pendant un certain temps, a beaucoup diminué
d'importance depuis l'intervention de la pourpre tirée du
goudron de houille.

En 1854, MM. *Hartmann* et *Cordillet* réussirent à fixer
sur les tissus la matière colorante verte des feuilles. En 1851
et 1852, survint le fameux vert de Chine, appelé *lo-kao*.
Peu de temps après, M. *Charvet*, de Lyon, parvint à tirer le
principe colorant du lo-kao d'une plante indigène de l'Europe, le *Rhamnus catharticus*, ce qui lui valut une médaille
d'or. Le vert de Chine fut surtout admiré à cause des magnifiques reflets verts que les tissus qui en avaient été teints
présentaient à la lumière artificielle. MM. Guinon, Marnas

et Bonnet trouvèrent les moyens de produire, à plus bas prix, des reflets verts conservant leur caractère sous la lumière artificielle, en se servant du bleu de Prusse avec l'acide picrique. Il est curieux de voir les verts produits par l'indigo et l'acide picrique paraître bleus à la lumière artificielle, tandis que les teintures provenant du bleu de Prusse avec l'acide picrique paraissent vertes.

C'est en 1856 que l'on trouve pour la première fois dans le commerce un rouge amarantin très-beau tiré de l'acide urique. Cette coloration, appelée *murexide*, fit sensation, mais dura peu, parce qu'on ne tarda pas à tirer de l'aniline un rouge plus vif encore et plus facile à appliquer. D'ailleurs la murexide avait l'inconvénient d'avoir une couleur, sans doute résistante au soleil, mais facile à passer sous l'influence de vapeurs sulfureuses, comme il y en a dans l'atmosphère de Londres, imprégnée de sulfure de carbone. La murexide est intéressante à cause de sa composition presque identique avec l'ancienne pourpre dérivée du *murex*. Le professeur Hoffmann rappelle le sentiment de triomphe, auquel il s'associa comme élève, quand les premiers grains de cette substance furent obtenus à l'état pur dans le laboratoire de Liebig, et il raconte avec quelle rapidité cette découverte scientifique fut rendue pratique pour les arts. A l'époque où la fabrication de la murexide parvint à son point culminant, la production hebdomadaire d'une seule manufacture n'était pas moins de 12 quintaux, quantité pour laquelle il ne fallait pas moins de 12 tonnes de guano.

La teinture tyrienne, cherchée pendant si longtemps, devait conduire aux produits de la science moderne qui, en 1856, année mémorable dans l'histoire de la teinture, devait révolutionner l'art complétement. C'est en 1856, en effet, que l'on découvrit pratiquement les premières couleurs d'aniline. C'est alors que *Runge* indiqua la propriété qu'avait l'aniline, produit hydrocarboné de la série des houilles, de former des composés colorants. Son indication conduisit un jeune chimiste anglais, *Perkins*, à préparer commercialement avec

6

l'aniline une substance colorante d'une grande intensité et d'une grande solidité de nuance, connue, dans les arts, sous le nom de *violet Perkins*. Presque en même temps, *Verguin*, de Lyon, découvrait la préparation commerciale du rouge d'aniline. Les qualités extraordinaires de ces produits, la facilité merveilleuse de leur application à la laine et à la soie, la fraîcheur et la vivacité de leurs teintes, encouragèrent les chimistes scientifiques et praticiens de France et d'Angleterre à chercher des composés nouveaux empruntés à la même source, et à produire à meilleur marché ceux qui étaient déjà connus. Dans cette voie, les résultats scientifiques les plus importants furent obtenus par le chimiste anglais Hoffmann, qui découvrit et prépara la rosaniline incolore, base à l'aide de laquelle on peut obtenir tous les rouges, outre une foule d'autres couleurs, à l'aide de différents réactifs. Les couleurs dérivées des hydrocarbones de la série des houilles sont aussi variées et aussi éclatantes que les nuances des fleurs.

Les couleurs d'aniline, dont l'emploi dans les arts a été complétement établi par la pratique, sont :

1° L'aniline, ou violet Perkins, aussi appelée rosaline, indésine, mauve, aniléine, hamaline, violine ;

2° Les rouges d'aniline, à base rosaline, connus également sous les noms de fuchsine, azaléine, et magenta ;

3° Les bleus de rosaniline, bleu de Lyon, bleu de lumière ;

4° Les violets de rosaniline, d'une nuance différente du violet Perkins ;

5° Le violet Hoffmann ;

6° Le dahlia impérial ;

7° Le vert d'aniline.

A ces couleurs on peut ajouter la couleur orange, *chrysaniline*, et les couleurs produites par l'oxydation de l'aniline, mais sans application directe. Un vert appelé *éméraldine*, un bleu *azurine*, et le noir intense d'aniline, ne se sont développés que sur les fibres végétales.

L'emploi des couleurs donne un caractère marqué aux tissus teints de l'époque actuelle. On a pu se convaincre du grand changement réalisé en voyant, à l'Exposition, les séries parallèles des laines teintes par le procédé ancien et par le procédé nouveau au moyen de l'aniline. Les nuances d'aniline dominaient au milieu des tissus richement colorés de l'Exposition. Adoptant l'expression figurée de Colbert que *la couleur est l'âme des tissus, sans laquelle le corps pourrait à peine exister*, nous pourrions dire que ces couleurs fixent le caractère *psychologique* des étoffes de l'époque actuelle. Quoi de plus étrange, au milieu des merveilles de la science moderne, que ces végétaux gigantesques, enfouis dans les bassins houillers de l'ancien monde, servant à reproduire, avec toute leur fraîcheur, les teintes des fleurs printanières sur les tissus de l'industrie moderne ?

Mais ce ne sont pas seulement des raisons d'art qui ont conduit à l'emploi général des nouvelles teintures ; les raisons d'économie ont eu leur importance, surtout pour l'industrie lainière. L'une des plus remarquables propriétés des matières colorantes dérivées de l'aniline est leur affinité puissante pour les matières d'origine animale, ou pour les substances azotées, spécialement pour la laine, la soie, l'albumine, le gluten, la caséine. Cette affinité est tellement grande que les mordants deviennent superflus. Dans leur application aux tissus végétaux, il suffit d'animaliser la fibre avec de l'albumine. Non-seulement on peut appliquer ces couleurs avec la plus grande facilité à la teinture par immersion, mais on peut réaliser une économie notable dans l'impression des mousselines en calicots, en les employant comme *couleurs d'application* dans la teinture à la vapeur. Ajoutons que toutes ces couleurs se vendent maintenant dans le commerce dans un état de grande pureté, souvent même en cristaux. Il ne reste guère plus au teinturier qu'à dissoudre le produit dans le véhicule convenable, et de le mettre en présence de la fibre, dans les conditions nécessaires pour qu'il puisse adhérer, ce qui est extrêmement simple pour la laine et pour la soie.

Actuellement, il reste à la science un grand problème à résoudre dans l'intérêt de l'art; il faut arriver à donner une coloration plus stable à ces magnifiques produits de la chimie moderne. M. Kœppelin, le chimiste auquel nous avons emprunté une grande partie des détails précédents, espère que ce problème sera résolu. « Déjà quelques résultats, dit-il, « ont été obtenus, surtout sur les tissus de laine et de soie. Il « est évident que les couleurs dérivées des orseilles, telles « que les violets et les rouges, sont plus fugitives que le vio-« let Perkins ou les nouveaux violets de *Pourier* et de *Chap-* « *pal* ; que les roses du safran ou de la cochenille ne sont « pas plus stables que les roses d'aniline, et que le noir « d'aniline non-seulement est supérieur à tous les noirs, « mais qu'il est inaltérable et d'une stabilité parfaite sur les « tissus de coton. »

Avant de terminer cette revue incomplète des rapports entre les arts chimiques et l'industrie lainière, nous devons à la science américaine d'observer que le nom du regrettable docteur Dana, de Lowell, est très-honorablement placé par les savants français au nombre de ceux qui ont rendu les plus importants services à l'art de la teinture et de l'impression. C'est à lui que l'on attribue l'introduction de la chaux dans l'opération du blanchiment, afin de saponifier les matières grasses contenues dans les tissus écrus. Il a ainsi complété l'importante découverte de Berthollet sur les propriétés de la chlorine pour blanchir les tissus.

PRINCIPAUX CENTRES EN FRANCE.

L'ouvrage hautement philosophique intitulé *la Laine*, renfermant une série d'observations sur le régime des manufactures, accompagné de nombreux documents de statistique, publié, en **1867**, par *Louis Reybaud*, membre de l'Institut, le traité de M. *Randoing* sur l'industrie des laines cardées, et le traité sur l'introduction des laines peignées, publié, en **1854**, par M. *Benoville*, nous fournissent des données positives pour la description spéciale des centres les plus importants de l'industrie lainière en France. C'est à ces travaux, particulièrement aux premiers, que nous emprunterons les renseignements ci-après :

ELBEUF.

Dans l'industrie lainière, il faut placer la Normandie au premier rang parmi les provinces de France. De tout temps la race normande s'est distinguée par le génie et par le goût. Déjà, sous l'empire romain, les contrées de Caux et la vallée d'Auge étaient renommées pour leurs tissus; elles fournissaient des tartans tissés en carrés pour habiller les armées romaines. Plus tard, ces types devaient servir de modèles aux tartans écossais. On découvre des traces de manufacture à Elbeuf dès le VIIe siècle; au XIIIe siècle, la fabrication était en pleine activité. Dans le courant du XIVe siècle, elle fut arrêtée par l'invasion anglaise, et son inaction fut prolongée par les guerres de la Fronde. Au XVIIe siècle, la manufacture de draperies fut ravivée par les priviléges octroyés par le fondateur du système protecteur français Colbert, et se consolida pendant la guerre industrielle que faisait Napoléon à l'Angleterre au moyen du blocus continental. Il n'est donc pas étonnant de trouver, à Elbeuf, l'un des centres du monde de l'industrie lainière.

Toute la vie d'Elbeuf se concentre dans ses manufactures de laine cardée, qui fait vivre une population de 19,000 âmes, et, si l'on y comprend l'élément flottant, de 30,000 âmes. Elbeuf fournit un produit évalué à **85** millions; ses fabriques sont les plus renommées pour les nouveautés ou tissus de fantaisie en laine cardée. D'autres villes peuvent rivaliser avec lui, sous le rapport de la solidité des étoffes et du bon marché ; mais, pour tout ce qui concerne l'ornement, la délicatesse des nuances, le goût et l'élégance, Elbeuf domine et l'emporte sur toutes. C'est à Elbeuf exclusivement que devront aller les Américains, fabricants et dessinateurs, pour acquérir un goût que l'on ne saurait atteindre sans étudier les modèles.

Les clients d'Elbeuf sont les principaux tailleurs et les grandes maisons de commission de Paris ; ce sont eux qui jugent les nouveautés et préparent leur succès. On cite des cas où un seul fabricant a distribué pour 40,000 francs d'échantillons d'un seul tissu entre les mains des voyageurs de commerce, semant afin de récolter. Quelquefois la récolte est énorme. Il n'est pas rare qu'une chance heureuse, ou une fantaisie fugitive, ait fondé une fortune. Dans la concurrence des nouveautés, dont pas une seule ne dure plus d'une saison, mais qui gagne de proche en proche, comme la vague, le monde tout entier de la *fashion*, le flux étant à son maximum dans une province lointaine pendant que le flot s'est retiré de la source, on voit se réfléter sur le visage des habitants de la ville une activité, une ardeur d'innovation qui expliquent la fécondité des inventions.

Ce sont principalement les dessinateurs qui jouent le principal rôle dans la fabrication des nouveautés et des articles de fantaisie ; de leur inspiration dépend le succès de la saison. Les bons dessinateurs posent leurs conditions, et le fabricant s'assure de leurs services par de larges gratifications. Souvent, ils ont un intérêt dans la vente de leurs dessins ; parfois ils deviennent associés dans les maisons dont la fortune est due à leur goût. Cependant le dessin pour la draperie n'a rien de bien difficile, et n'exige pas de grandes études préparatoires ; le talent consiste à combiner quelques nuances et couleurs pour produire des effets d'une certaine harmonie. On croirait que le premier venu est capable d'en faire autant ; mais la vérité est qu'il faut être spécialement doué pour cela. Il y a un point précis que le dessinateur doit atteindre, mais non dépasser ; une nuance qui, à l'exclusion de toute autre, trouvera faveur dans le moment ; un contraste qui plaira sur une étoffe et qui sur telle autre déplaira ; un ensemble de riens, de petits accidents, qui semblent insignifiants, mais qui entraînent le succès ou attirent un échec. Le dessinateur français est subordonné au sentiment public de son pays, qu'il doit éviter de jamais violenter, qui veut de l'élégance sans afféterie, et qui, au milieu de ses caprices infinis, demande toujours du naturel dans tout ce qui est original.

Après le dessinateur vient l'ouvrier, jouant le rôle d'interprète, traduisant le dessin sur le métier ou sur le jacquard, qui monte les chaînes et les harnais, afin qu'il ne reste plus au tisseur qu'une opération mécanique à exécuter. Ces ouvriers monteurs sont largement payés. D'autres ouvriers, appelés échantillonneurs, exécutent les premiers spécimens de l'échantillon, afin de déterminer l'effet probable du dessin. Ceux-là doivent être des hommes de toute confiance, surtout quand il faut exécuter des spécimens d'échantillons à expédier, et sur lesquels se feront les commandes. Quelques-uns des grands établissements soumettent les ouvriers de cette catégorie à une réclusion temporaire rigoureuse. Certains établissements ont la spécialité de fabriquer uniquement des spécimens d'échantillons pour les établissements moins importants.

Une circonstance qui a puissamment développé l'industrie lainière d'Elbeuf, c'est le crédit qui est facilement accordé aux manufacturiers. C'est là un avantage que l'on ne saurait assez faire ressortir. En effet, le prix auquel on peut se procurer du capital est la grande pierre d'achoppement des fabricants lainiers, car sans capital à bon marché ils se voient forcés d'acheter très-cher la matière première. Ordinairement, ils ne peuvent obtenir la matière première qu'en la payant comptant, ou du moins à crédit très-court. A Elbeuf, il n'en est pas ainsi. Il y existe plusieurs maisons cumulant les opérations de banque avec les opérations d'entrepôt. Ces maisons font crédit pour toute opération commerciale. Mais ce qui les distingue, c'est qu'elles vendent de la matière première, non pas contre du papier à échéance fixe, mais en compte courant. Tout fabricant qui a besoin d'un lot de laine s'adresse à elles, convient des prix, et emporte la marchandise. Le payement est presque à la discrétion de l'acheteur. Toutes facilités sont accordées pour les payements, qui peuvent s'opérer par à-compte, à mesure que le fabricant fait des rentrées. Le compte courant est le miroir dans lequel le manufacturier trouve le reflet de ses affaires. Ce système, d'après lequel le crédit du fabricant est mesuré sur son caractère, a donné une grande vitalité au mouvement commercial d'Elbeuf. Le long des vieilles maisons de cette antique cité on voit circuler un grand nombre de personnes qui sont les enfants de leurs œuvres. Après s'être élevés de l'humble position d'ouvriers à la position modeste de contre-maîtres, ils ont fini par gagner leurs épaulettes. Cette infusion continue de sang nouveau entretient la vitalité caractéristique et la jeunesse persistante de l'industrie lainière d'Elbeuf. Il est à peine nécessaire d'ajouter combien il serait nécessaire qu'il en fût de même en Amérique. L'influence que ces conditions exercent sur l'amélioration du sort de l'ouvrier n'est pas moins pratique que le système coopératif tant prôné aujourd'hui, mais qui ne semble pas d'une application aussi facile dans l'industrie textile.

Une autre particularité marquante du système manufacturier d'Elbeuf est celle-ci : à côté des nombreux établissements où la laine entre comme toison pour sortir sous forme d'étoffes achevées, il y a un nombre plus considérable encore d'établissements spéciaux dont chacun se charge d'une seule opération manufacturière. Ainsi les uns se bornent à préparer la laine, d'autres la cardent, la filent, lui donnent la teinture. Chacune des opérations : lavage de la laine, séchage, bourrage, cardage, montage des dessins-échantillons, tissage, foulage, apprêt, emballage, constitue une industrie à part. Il existe vingt grands établissements de teinture, douze filatures, plusieurs sécheries, etc., et un grand nombre de maisons plutôt commerciales qu'industrielles, qui réunissent ces différentes industries pour fabriquer des étoffes qu'elles envoient sur le marché. Par un pareil système, le petit fabricant, disposant d'un capital restreint, peut travailler avec avantage. Pour chaque opération particulière il choisit l'établissement qui travaille avec le plus de perfection et au plus bas prix. Ces avantages sont si évidents, que plusieurs grandes maisons ne craignent pas d'y recourir. Il y aurait peut-être utilité d'introduire un système analogue dans quelques-uns des grands centres manufacturiers de l'Amérique. Déjà nous le voyons employé dans une mesure restreinte pour la filature, et récemment on l'a appliqué à la préparation et au lavage des laines. Peut-être trouverait-on, comme l'expérience l'a démontré à Elbeuf, que les deux systèmes, celui de la centralisation et de la décentralisation du travail, exercent une double action sur le progrès général de l'industrie manufacturière.

Toutes les régions en France où s'exerce l'industrie lainière ont un aspect de bien-être relatif, qui montre l'accumulation de richesse que les manufactures ont ajoutée aux ressources naturelles du sol. Les petites maisons à chambre unique sont moins fréquentes; çà et là on peut voir le logement de l'ouvrier indiquant un confort et une dignité d'existence très-rares dans la population rurale de la France. Néanmoins la condition de l'ouvrier d'Elbeuf, jugée au point de vue américain, est loin d'être aisée et enviable. Le nombre total d'ouvriers travaillant dans la ville et ses environs est estimé à 20,000.

Les données suivantes sur les salaires moyens sont empruntées à des documents statistiques rassemblés en 1864 par un ancien maire et président de la chambre de commerce d'Elbeuf.

Pour les enfants, limités à huit heures de travail, de 75 centimes à 1 fr. 10; pour ceux qui travaillent douze heures, de 1 fr. 25 à 1 fr. 50. Les jeunes gens de seize à dix-huit ans gagnent 1 fr. 50 ; les ouvriers à la journée, de 2 à 3 francs. Les hommes travaillant à la tâche ou à leurs pièces gagnent de 3 francs à 4 fr. 50. Ces derniers sont plus nombreux que les ouvriers à la journée. Les femmes à la journée ont de 1 fr. 10 à 2 francs ; à la pièce, 1 fr. 75 à 2 fr. 50. M. Reybaud estime que, dans la plupart des cas, le salaire annuel des hommes monte à 750 francs ; celui des femmes, à 525 francs ; celui des jeunes gens et des jeunes filles, à 375 francs ; enfin, celui des enfants, à 225 francs.

La nourriture et le logement sont relativement chers à Elbeuf. La viande coûte 1 fr. 60 le kilog., et les Pommes de terre de 5 à 6 francs le boisseau. La simple ration d'entretien, pour les hommes, revient à 350 francs par an ; le loyer de la maison est, moyennement, de 125 francs ; les autres dépenses d'entretien absorbent de 160 à 180 francs. Avec des ressources aussi restreintes, l'ouvrier ne peut manger de la viande que les dimanches ; pendant la semaine, il est obligé de se contenter de harengs salés et de maquereau. Et, malgré une aussi maigre subsistance, il reste à peine quelque chose pour l'épargne ou pour le plaisir. Le système qui consiste à rémunérer le travail de manière à suffire au strict nécessaire de la vie, système que préconise tant en Amérique le libre-échange, montre ses conséquences à Elbeuf, où les classes travailleuses sont plongées dans la plus grande dégradation morale. La consommation alcoolique dans les cabarets s'élève à 16 litres par tête et par an, en comprenant la population entière. Si l'on retranche les femmes et les enfants, cette consommation monte à 50 ou 60 litres en moyenne par homme fréquentant les cabarets. « D'un autre côté, dit M. Reybaud, les femmes s'adonnent à « d'autres goûts. Leurs toilettes absorbent leurs économies ; « quand il s'agit d'augmenter leurs ressources, elles ne se « montrent guère scrupuleuses dans l'emploi des moyens. » Une preuve du relâchement moral de cette population, c'est l'habitude qu'ont les hommes et les femmes de loger à la nuit dans de vastes dortoirs, où les sexes sont mêlés. Ces dortoirs sont de grandes pièces sans lumière, sans séparation, sans surveillance d'aucune sorte. Une autre preuve se rencontre également dans l'habitude qu'ont les ouvriers tisseurs de soustraire une partie des fils qui leur sont confiés pour le tissage. On estime que certains ouvriers augmentent par ce larcin leur paye d'un quart à un tiers. C'est ainsi que le travail se venge d'une rémunération insuffisante.

L'industrie lainière de ce centre important étant considérée dans son ensemble, on trouve que cette industrie, considérée comme art, est parvenue à un haut degré de perfection, et que, sous le rapport du goût et des procédés, elle présente des modèles dignes d'être imités. Mais, pendant que l'art progresse et que les patrons s'enrichissent, le travail se dégrade, la moralité s'affaiblit, et l'humanité souffre. Quand nous voyons des hommes de bien en France publier ingénument les faits auxquels nous avons fait allusion plus haut, quand nous les voyons reconnaître et déplorer les maux d'un système social, ligué par l'ancien système féodal de l'Europe, reculerons-nous en Amérique devant le léger sacrifice nécessaire pour réconcilier ce que l'Europe a vainement tenté jusqu'ici, le progrès des arts industriels avec une juste rémunération du travail?

Sedan.

L'industrie lainière de Sedan, quoique ayant le même caractère général que celle qui est si florissante à Elbeuf, n'en mérite pas moins d'être mentionnée, à cause de la célébrité de ses produits. Dans le principe, la fabrication du drap fut poursuivie par des ouvriers isolés venus de la Flandre; mais Colbert, avec son énergie accoutumée, ne tarda pas à lui imprimer, là comme partout, un caractère national. A Abbeville, il installa *Van Robais*, et par là fit à la France un cadeau que M. Thiers estime plus précieux pour elle que les conquêtes de Louis XIV, qui abattirent la puissance espagnole. A Sedan, ce fut Nicolas Cadeau, un maître dans son art, qui bientôt sut convertir en manufactures importantes la modeste production des hameaux circonvoisins. On vit s'élever, dans les murs de Sedan, des établissements pour teindre, carder et apprêter les étoffes, sous la protection du canon de la citadelle. Mais ce qui par-dessus tout, après le premier établissement, favorisa le plus le succès des manufactures, ce fut l'honnêté qui présida à la confection des étoffes; la marque de fabrique de Sedan, comme la marque des fers de Suède, comme la tour emprunte sur l'argent d'Angleterre, devint une garantie infaillible d'excellente qualité. Ses draps noirs et bleus conservèrent leur réputation de génération en génération, et un grand nombre de maisons de Sedan ont fidèlement conservé ces traditions d'honneur, comme l'attestent la médaille d'or et huit médailles d'argent que l'industrie drapière de Sedan a remportées à l'Exposition universelle.

Chose singulière ! c'est à Sedan qu'on a inventé un système à l'aide duquel l'excellence de la matière et de la fabrication, auparavant qualité essentielle des draps, n'est plus indispensable. Cette invention est celle des draps de fantaisie modernes ; elle fut due à l'une de ces chances heureuses, qui mènent souvent à de grands résultats, quand elles sont exploitées par l'intelligence. Un jour M. Bonjean, manufacturier instruit, trouva, parmi les produits de sa fabrique, une pièce de drap dont le tissu était défectueux, à cause de la laine morte qui avait servi à sa confection. Il lui vint à l'idée qu'il pourrait donner du corps à la laine, en incorporant quelques filaments de soie à la chaîne. Il travailla cette idée, se mit à employer le métier Jacquard, et fabriqua un tissu qu'il envoya à l'un des principaux tailleurs de Paris. A sa grande surprise, il reçut des commandes immédiates pour des tissus semblables à l'échantillon qu'il venait d'essayer. A partir de cette première tentative, on varia les tissus d'après le même principe, et dès lors fut fondée l'étoffe qui porte le nom de Bonjean. Telle est l'origine des casimirs de fantaisie et autres étoffes analogues, qui comprennent maintenant les trois quarts de la production des tissus de laine cardée, mais qui, malheureusement pour Sedan, ont provoqué la formidable concurrence d'Elbeuf qui s'est vivement emparé de ce genre.

Si nous laissons de côté la partie technique, pour envisager l'aspect social de l'industrie de Sedan, nous avons le bonheur de constater une moralité supérieure chez les ouvriers de cette ville. On attribue cet avantage, en partie à ce que la population est moins nombreuse que dans les autres cités manufacturières de la France, en partie et surtout aux honorables efforts des chefs de fabrique.

L'augmentation progressive dans la consommation des boissons alcooliques, par suite de la cherté du vin, est cause de l'ivrognerie dont les progrès se montrent dans la plupart des centres manufacturiers français. « Pour la pre-
« mière fois dans mes voyages, dit M. Reybaud, j'ai trouvé
« à Sedan une population capable de se défendre contre
« les entraînements de la boisson. Aux patrons en revient
« l'honneur tout d'abord. Par une entente qui devrait
« être imitée partout, ils ferment leurs fabriques à tout ou-
« vrier adonné au vice de l'ivrognerie d'une manière no-
« toire ; les ouvriers, de leur côté, consentent à cette exclu-
« sion. La lutte a été longue, et avec toute autre population
« elle eût risqué d'aboutir à un échec. Mais, à Sedan, elle
« s'est terminée par une victoire en faveur de la sobriété.
« On a commencé par agir sur les moins endurcis, on s'en
« est fait des auxiliaires, avec lesquels on a pu mettre enfin
« à la raison les buveurs les plus enracinés. Envers ceux
« qui, malgré les meilleures intentions, ont cédé à la tenta-
« tion, on montra de l'indulgence, et l'on tint compte
« de leurs efforts et de l'amélioration dans leur conduite.
« Du moment qu'on avait reconnu que chez eux les cas de-
« venaient moins fréquents et moins graves, leur présence
« à la fabrique était tolérée. La seule pénalité imposée était
« qu'ils fissent un aveu sincère de leur faute, ou que leur

« femme, si profondément intéressée dans la question, con-
« sentît à intercéder en leur faveur.

« Cette réforme a produit des résultats consignés dans un
« rapport sur les mœurs des habitants de Sedan par un an-
« cien membre de l'Assemblée : « La population ouvrière
« mène une vie très-régulière. D'ordinaire l'ouvrier reste chez
« lui, en famille. Dans la masse il règne un sentiment religieux
« qui se traduit par des actes. Aucun ouvrier ne fréquente
« le cabaret le dimanche. Il passe sa journée avec sa femme
« et ses enfants dans le petit jardin objet de son ambition
« et de ses soins. Chaque jour, l'éducation s'étend ; un
« homme de trente ans, ne sachant ni lire ni écrire, est une
« exception. »

L'économie produite par ces habitudes, le bon marché de
l'entretien et du logement, permettent à l'ouvrier de vivre
avec des salaires réduits. Ces salaires sont :

Pour les filateurs à la pièce, de 3 fr. à 5 fr. 50 par jour ;
Pour les femmes filant à la pièce, de 1 fr. 50 par jour ;
Pour les tisseurs à la pièce, 4 fr. par jour ;
Pour les ouvriers ordinaires, 20 centimes l'heure, 2 fr. 40
par jour ;
Pour les femmes, en moyenne, 1 fr. 20 par jour ;
Pour les enfants, en moyenne, 0 fr. 75 par jour.

Pour un travailleur seul, les dépenses annuelles d'entretien se décomposent ainsi :

Nourriture et logement. . . . . . 531 fr.
Tabac. 20
Blanchissage, habillement, etc. . 100
Total. . . . . 651 fr.

Comme il gagne, moyennement, 750 fr. par an, il ne lui
reste que 99 fr. pour les plaisirs et pour l'épargne.

On suppose, dans ce calcul, que l'ouvrier, comme cela
est usuel, mange de la viande une fois par jour.

RÉGION DU MIDI.

C'est dans le midi de la France que se trouve le troisième centre important de l'industrie de laine cardée de ce pays. Il présente, avec les districts que nous venons de décrire, les contrastes les plus marqués. Ses points principaux sont Lodève, Mazamet, Bédarieux, en omettant un grand nombre de petites localités de moindre signification.

Le caractère général de la production de ce groupe, Mazamet excepté, a en vue la consommation populaire. On y fabrique principalement des draps solides pour l'ouvrier et pour l'armée, recommandables plutôt par leur durée que par leur apparence. Ces draps sont surtout remarquables en ce qu'ils ne s'efforcent pas d'imiter des tissus voyants, mais en ce qu'ils se contentent simplement du rôle auquel ils sont destinés, c'est-à-dire à rendre de bons et utiles services. C'est dans ce groupe que se confectionnent presque tous les draps employés dans l'armée française. Le gouvernement ne demande que deux choses, bon marché et honnêteté dans l'exécution. Ces exigences rigides de la part du gouvernement ont développé chez le manufacturier un sévère esprit de contrôle, et, parmi les ouvriers, l'honnêteté dans le travail. La confiance absolue qu'inspirent ces tissus leur a ouvert un débouché important chez les populations stationnaires de l'Orient, et des relations qui remontent déjà à plusieurs générations.

Bédarieux, avec une population de neuf mille âmes, occupe cinq mille ouvriers dans la ville, et autant dans les environs. Les tissus sont fabriqués principalement en vue de l'exportation. Les maisons de commerce de Marseille les envoient sur les marchés de l'Orient, ou dans les possessions françaises de l'Afrique et souvent de l'Inde. Afin de maintenir l'honneur sur les marchés et de conserver la confiance des clients orientaux, il y a certaines conditions qui doivent être scrupuleusement observées. Par exemple, il faut, pour le Levant, deux espèces de draps; le *stamboul*, qui est un drap lourd, et le *mahout*, qui est un drap léger. Le poids de l'étoffe doit exactement correspondre à sa dénomination. Pour les draps de l'armée, 40 kilog. de laine donnent régulièrement 43 mètres d'étoffes. Ces proportions, pour le Levant, sont un peu moindres. Le *stamboul*, destiné à faire des manteaux, n'exige que 44 kilog. de laine pour 50 mètres de drap. Le *mahout* emploie seulement 37 kilog. de laine pour 60 mètres d'étoffe. Le prix et la qualité s'abaissent en raison directe du poids de la matière mise en œuvre. Arrivées en Orient, ces étoffes sont mesurées et pesées, et on ne reçoit que celles dont la mesure et le poids ont le rapport indiqué. Avec les habitudes régulières de l'Orient, la consommation de ces tissus est constante, par conséquent assurée.

Voici donc un cas où un commerce considérable de draps, approvisionnant toutes les armées de France et une immense population en Orient, existe depuis plusieurs générations, exclusivement fondé sur l'honneur commercial du fabricant. Le commerce américain de toiles de coton brun avec le Levant avait une base analogue.

Les manufactures de ce groupe ne sont pas entièrement limitées aux spécialités dont nous venons de parler. Bédarieux possède presque le monopole des draps pour casquettes, dont elle expédie annuellement deux cent cinquante mille pièces par an. Mazamet, ville du même groupe, par l'initiative et l'esprit d'entreprise d'un seul fabricant, M. *Houles,* est devenu, en moins d'un demi-siècle, une ville de douze mille habitants d'un obscur hameau qu'il était. Cette ville occupe environ cinq mille ouvriers, et à peu près autant aux alentours. Mazamet est entré en concurrence avec Elbeuf pour les articles de nouveauté; ses produits, qui atteignent aujourd'hui une valeur de 14 millions, ont fait leur chemin sur la place de Paris, et même sur celle de Londres.

Une particularité intéressante de l'industrie à Mazamet est

l'établissement d'ouvroirs spéciaux, où les ouvrières peuvent soigner leurs enfants. Ordinairement les ouvrières, renfermées dans la fabrique, sont empêchées de veiller sur leurs jeunes enfants ; si elles quittaient l'atelier, elles perdraient leurs places. Pour obvier à cet inconvénient, elles se déchargent de leurs soins maternels sur des nourrices, ce qui, pour ces pauvres mères, est à la fois une privation et une dépense, cette dernière équivalant à la moitié de leur salaire. A Mazamet, ce grave inconvénient disparaît ; il y a des ateliers où les mères peuvent garder leurs enfants avec elles. Ordinairement employées à des occupations très-simples, telles qu'assortir les laines ou embobiner les fils, rien ne les empêche de travailler tout en remplissant leurs devoirs maternels. Naturellement l'accès de ces sortes d'ouvroirs est absolument interdit aux ouvriers. Sans doute, le temps que les femmes consacrent à leurs enfants entraîne une réduction de leur salaire ; mais, tout bien compté, elles gagnent beaucoup à cet arrangement. Rien ne rafraîchit autant le cœur, au milieu de l'indifférence qui règne en Europe sur la condition du travailleur, que de voir, sous cette forme touchante, l'expression d'un sentiment d'humanité dans une expérience industrielle.

Il existe, dans ce groupe, un établissement tout à fait remarquable par la manière originale avec laquelle on a cherché à combiner la prospérité industrielle avec l'amélioration sociale de l'ouvrier. C'est l'établissement de *Villeneuvette*, qui porte encore le titre de manufacture royale, parce qu'il a été l'un de ceux que Colbert a fondés. Quoique appartenant aujourd'hui à un particulier, il est exclusivement consacré à la fabrication du drap pour l'armée. C'est à cela sans doute qu'il a conservé, sous beaucoup de rapports, l'aspect d'un poste militaire. Les constructions sont crénelées ; le tambour bat la diane et la retraite, et, lorsque le soir arrive, on relève le pont-levis. La ville entière appartient à l'établissement, et l'on y interdit l'accès à tout étranger qui refuse de se soumettre aux usages de la place. Le maire et les officiers municipaux sont tous ouvriers, élus par leurs camarades ; depuis le premier empire, le chef municipal n'a pas changé plus de quatre fois. Les ouvriers obéissent de bon cœur à la discipline militaire qu'ils se sont imposée à eux-mêmes. Les propriétaires payent les plus hauts salaires du district ; ils souscrivent pour les écoles, dont la fréquentation est obligatoire, et au fonds commun pour secours aux malades et aux vieillards ; enfin ils fournissent la farine et le combustible au prix coûtant. Les jeux de hasard sont défendus ; on y punit l'ivrognerie par l'expulsion. Il n'existe qu'un seul cabaret, qui doit fermer à neuf heures. Dans le cours de trente années, on n'a pu constater qu'une naissance illégitime. Le peuple de cette commune s'est toujours tenu à l'écart de toute agitation politique. Toutes les fois, aux époques de révolution, que des bandes d'ouvriers des pays environnants se sont montrées en armes, les travailleurs de Villeneuvette ont coupé les communications en levant leur pont-levis et en garnissant leurs remparts.

Les salaires moyens, dans ce groupe, sont encore moindres que dans les districts d'Elbeuf et de Sedan. Voici le prix moyen des journées de travail :

Hommes. . . . . 2 fr. 25
Femmes. . . . . 1 fr. 25
Enfants. . . . . 0 fr. 50

Additionnés, ces salaires, pour une famille composée de l'homme, de la femme et de deux enfants, travaillant tous, feraient 1,350 francs par an.

On estime que la nourriture journalière coûte

Par homme. . . . . 0 fr. 75
Par femme. . . . . 0 fr. 65
Par enfant. . . . . 0 fr. 50

Cette dépense, pour la famille normale ci-dessus, s'élèverait à environ 900 francs par an ; qu'on y ajoute 100 francs pour le logement, 250 francs pour le vêtement et les frais divers, on arrive à une dépense totale de 1,250 francs, ne laissant qu'un excédant nominal de 100 francs pour l'épargne ou pour les distractions. Encore faut-il noter que les recettes intégrales ne sont possibles que lorsque, dans les circonstances les plus favorables, toute la famille composée de quatre personnes peut travailler.

REIMS.

Nous arrivons maintenant aux grands centres de l'industrie de la laine peignée, qui est bien plus importante que l'industrie de la laine cardée, dont il vient d'être question. Reims, l'un des siéges les plus antiques de la foi catholique romaine et de ses plus splendides monuments d'architecture, intéresse encore plus l'agriculteur et le manufacturier, comme étant le lieu où s'est opérée une révolution complète dans une grande branche de l'industrie textile, révolution qui fut amenée par l'introduction d'une race ovine perfectionnée. Les célèbres tissus de laine peignée qu'elle a fabriqués pendant tant de siècles, les serges, etc., ont disparu depuis que le sang espagnol s'est introduit dans les bergeries de la Champagne.

En 1801, un obscur ouvrier de cette ville, nommé *Dauphinot Falloteau*, fit pour la première fois, avec la laine douce et longue de Rambouillet, le plus beau des tissus modernes, le mérinos français, qui par son moelleux et sa solidité, gardera toujours sa place, indépendamment des caprices de la mode. Cette fabrication s'étendit bientôt sous l'influence du baron Ternaux, le plus célèbre manufacturier français de son époque, qui fonda à Reims l'un de ses nombreux établissements.

La fabrication de mérinos constitue actuellement la plus importante partie de l'industrie de Reims, les tissus chaîne-coton ne s'y faisant pas comme à Roubaix. De 94,615 pièces, valant 11 millions, que produisait cette fabrication en 1786, avec le concours de 30,000 ouvriers et

12,000 métiers, on est arrivé, en 1863, à produire pour 80 millions. Les métiers à mains, à cette époque, étaient au nombre de 19,000, occupant 38,000 ouvriers, et celui des métiers mécaniques était de 1,300 avec 900 ouvriers. Il y avait, en outre, 340 peigneuses de laine ; 350 cardeuses, employant 5,000 ouvriers ; 170,000 broches pour la filature avec 2,400 ouvriers. On comptait, en tout, 55,000 ouvriers en activité. En 1786, chacun des 30,000 ouvriers produisait pour une valeur de 377 francs ; en 1863, chacun des 55,000 ouvriers élevait sa production à 1,454.

Ce qui a déterminé un changement radical dans les manipulations de l'industrie de Reims, c'est le peignage de la laine. Jadis, le peignage s'opérait à la main par des ouvriers travaillant chez eux. C'était, de tous les travaux, le plus mal payé, et la misère des peigneurs à main était passée en proverbe. Leurs salaires, très-variables, n'excédaient pas 1 fr. 50 c. par jour en moyenne. Malgré cette maigre rémunération, les peigneurs à la main luttèrent longtemps contre les premières machines à peigner, très-imparfaites d'ailleurs. Ils ne succombèrent que lorsque leur salaire se réduisit à 80 centimes par jour et par tête. La résistance était devenue impossible, car l'ouvrier le plus habile ne peut pas peigner plus de 350 kilogrammes de laine par an (?), tandis qu'une machine en peigne 20,000 kilogrammes dans le même espace de temps. Des 10,000 ouvriers peigneurs qu'il y avait à Reims, pas un seul est resté. Pendant qu'ils disparaissaient ainsi, le génie des inventeurs s'appliquait incessamment à perfectionner les machines. Plus de vingt inventions sont successivement venues apporter leur amélioration aux différents organes des appareils. Les machines qui opèrent actuellement à Reims se rattachent à trois systèmes différents, celui de *Lister*, celui de *Heilmann* et celui de *Hubner* ; toutes se valent, quoique chacune d'elles ait ses partisans. M. *Holden* est devenu le propriétaire des brevets dont dépendent les principaux systèmes qui, en y comptant les siens, ne s'élèvent pas à moins de 45. Il domine ainsi presque toute la laine de peigne de France. Avec les trois établissements qu'il a montés, à Reims, à Saint-Denis et à Croix, près Roubaix, il peut peigner 16,000 kilogrammes de laine par jour. Ces divers établissements occupent 1,300 ouvriers et renferment des machines à vapeur de la force de 1,000 chevaux et 80 peigneuses mécaniques. On ne trouverait en Europe aucun établissement dans ces proportions, et aussi bien outillé pour résister à toute concurrence.

Pendant un grand nombre d'années, on a cru qu'il était impossible de tisser le mérinos avec avantage au moyen des métiers mécaniques. Aujourd'hui, ce travail s'exécute avec une perfection qui ne laisse rien à désirer. Un tisseur à la main peut lancer 24 fois la navette dans un temps donné ; on peut la lancer de 50 à 55 fois dans le même temps avec le métier mécanique, et l'ouvrier qui dirige, pouvant surveiller deux métiers à la fois, produit quatre fois plus d'ouvrage. En outre, le produit est plus régulier et la perte de la matière est moindre. A ces avantages du métier mécanique il faut ajouter celui d'un travail plus facile, car il ne demande pas d'effort musculaire ; tout au plus, réclame-t-il un peu d'adresse pour raccommoder les fils. Les femmes étant plus propres que les hommes à ce travail, il y a beaucoup d'établissements à Reims qui les emploient de préférence, en les faisant surveiller par des contre-maîtres.

Cette supériorité d'avantages du métier mécanique laisse prévoir le plus sombre avenir pour les tisseurs à la main, au nombre de 38,000 à Reims seulement. Les moyens susceptibles d'écarter les souffrances que la substitution du nouvel appareil leur ménage forcément sont un objet de souci et de préoccupation pour les hommes de bien de cette grande ville. La question est urgente, car la condition précaire d'une classe aussi nombreuse d'ouvriers, la diminution graduelle de leurs salaires, font naître un mécontentement gros de calamités publiques. On peut juger de ce qui est possible par ce qui est arrivé en 1848. Lors des troubles de cette époque, les meneurs enflammèrent les ouvriers à tel point, qu'ils détruisirent le principal établissement où l'on opérait avec des métiers mécaniques. Maintenant encore, ils regardent d'un mauvais œil tous ceux qui adoptent les nouvelles machines. Les autorités de Reims prétendent que la classe ouvrière de Reims est animée d'une haine intime et d'une envie féroce contre les riches, et que, si elle est tranquille maintenant, c'est qu'elle est *dominée par un gouvernement fort.*

Les manufacturiers de Reims considèrent les Etats-Unis comme le plus important débouché de leurs produits. Ils se sont sentis fortement atteints par notre dernière guerre. Selon eux, la crise américaine a pesé d'un tel poids sur leur commerce, que l'influence du traité anglo-français de 1860 n'a apporté que de faibles compensations aux transactions commerciales.

La haute valeur de cette fabrication doit être pour les Américains un motif péremptoire de transférer chez eux l'industrie de la fabrication du mérinos qui domine à Reims. On peut l'introduire aux Etats-Unis avec tous ses perfectionnements les plus récents, et sans aucun des mécomptes qui la gênent tant en France. Elle conviendrait d'autant mieux, qu'on pourrait y employer le travail de nos ouvrières, déjà très-développé et perfectionné dans nos fabriques. En outre, elle trouvera, parmi les laines de notre territoire le plus abondamment produites, précisément celle qu'il faut pour les tissus mérinos. Enfin, elle développe la production des laines en créant une demande entièrement nouvelle, tout en généralisant l'usage, pour les dames, du plus moelleux et du plus beau des tissus.

On peut se rendre compte des effets de la lutte entre l'ancien et le nouveau système manufacturier, en voyant à quel point les salaires ont décliné à Reims. Les ouvriers qui servent les machines sont comparativement bien payés. Les hommes employés à la filature de la laine peignée reçoivent 3 fr. 50 à 4 fr. par jour; les femmes, de 1 fr. 40 à 1 fr. 70.

Les tisseurs à la mécanique ont de 2 fr. 25 à 3 fr. par jour, tandis que les tisseurs à la main, de beaucoup les plus nombreux, en sont réduits à 1 fr. 50 par jour et par homme, à 1 fr. par femme et à 0 fr. 75 par deux enfants. Une famille de quatre personnes est donc obligée de vivre avec 1,200 fr. par an. Or, les dépenses nécessaires étant évaluées à 1,188 fr., il ne reste guère qu'un excédant de 12 fr., rarement atteint, il est à peine besoin de le dire. Aussi, la pauvreté, les dettes et la dégradation morale sont-elles les conditions normales de cette population industrielle.

CATEAU.

Ce centre manufacturier, situé au nord de la France, nous enseigne ce que l'on peut obtenir de l'industrie de la laine mérinos, quand on adopte, sur une grande échelle, les procédés les plus récents, et quand on se sert de la matière première fournie par le pays. En 1818, M. *Paturle* fit choix de la petite ville du Cateau, dotée d'un cours d'eau à puissance hydraulique modérée, et d'une population laborieuse et intelligente, déjà habile aux manipulations des laines. Il en fit le centre de l'idée qui consistait à tirer le plus grand bénéfice possible de la laine douce de race espagnole, qui commençait alors à abonder dans la région. Il lui parut que le plus grand développement dont le brin de la race nouvelle était susceptible devait se rencontrer dans la fabrication des tissus mérinos, récemment introduite à Reims. De cette idée naquit, entre les mains de MM. *Paturle* et *Lupin*, et de leurs successeurs, la plus grande manufacture de mérinos qui fût en France. C'est en même temps celle qui peut le mieux servir de modèle à l'Amérique.

Dans l'origine, la partie mécanique ne comprenait que quelques instruments pour le peignage et pour la filature ; le tissage à la main se faisait dans une localité voisine. Dans l'espace de trente ans, les machines ont entièrement été renouvelées. A la place des vieilles roues à eau, on a établi des générateurs de 250 chevaux-vapeur, commandant 60 peigneuses, 40,000 broches et 600 métiers mécaniques. Aujourd'hui, l'établissement emploie 2,000 ouvriers, et les tisseurs à la main du pays fournissent 4,000 auxiliaires, ce qui porte à 6,000 hommes le nombre total des travailleurs. La charge apportée et emportée de la fabrique s'élève à 5,000 tonnes, et la valeur de la production s'évalue de 18 à 20 millions, dont les trois quarts représentent l'exportation dans toutes les parties du globe.

Les propriétaires sont parvenus à leur splendide prospérité en restant fidèles au tissu primitivement adopté. Ils ont atteint la plus grande perfection dans les procédés manufacturiers, en employant des machines d'une efficacité éprouvée ; leurs produits sont recherchés, parce que la modération de leur prix n'a en rien diminué leur qualité. Les délégués de Bradford, qui visitèrent le Cateau pendant l'Exposition, furent « frappés d'étonnement à la vue de la pro« preté, de l'ordre et de la régularité qui régnaient dans « ce grand établissement. » Des écoles admirables y sont instituées pour les enfants et pour les adultes, ainsi qu'un lavoir et des bains publics. La veuve du fondateur a construit et doté, en mémoire de son mari, un hôpital contenant 20 lits pour les ouvriers malades. Ces fondations montrent que les sentiments généreux des propriétaires ont été l'un des éléments de leur prospérité.

Les meilleurs ouvriers gagnent dans cet établissement, où leur condition est probablement plus favorable que partout ailleurs en France, de 3 fr. 50 à 4 fr. par jour ; la femme travaillant au métier mécanique, de 1 fr. 60 à 2 fr. On estime qu'avec une stricte économie le chef de la famille peut économiser de 60 à 150 fr. ; mais, comme on l'a dit à propos de tous les calculs de ce genre, « *il faut distinguer ce qui est possible de ce qui est.* »

Un grand nombre d'autres fabriques et de localités où cette

industrie s'exerce pourraient être l'objet d'études utiles. Il resterait à examiner la fabrication des châles mérinos, répartie dans les villages agricoles au nord d'Avesnes et de l'arrondissement de Cambrai ; les filatures de Fourmies, où un hameau est devenu une ville de 4,000 habitants, faisant tourner 30,000 broches, le tout sous la direction d'une association coopérative d'ouvriers qui fournissent ainsi le plus remarquable exemple, en France, des succès de l'industrie coopérative ; les manufactures caractéristiques d'Amiens, qui produisent pour plus de 20 millions, plusieurs sortes de tissus, où entre le poil de la chèvre d'Angora. Mais l'espace dont on peut disposer dans ce rapport sur les manufactures de France doit être réservé au centre le plus important de l'industrie de laine peignée.

ROUBAIX.

De toutes les villes manufacturières de France, aucune n'est comparable, pour l'activité, l'esprit d'entreprise, le développement rapide, à Roubaix, que l'on peut appeler le *Bradford* français. Située sur les limites de la Flandre française, elle a directement hérité de l'esprit industriel des artisans flamands qui, au moyen âge, étaient les maîtres du monde dans l'industrie lainière, et qui fournirent ce que *Fuller* appela le *trésor étranger*, en introduisant en Angleterre les arts de la Flandre.

Petit hameau de 200 familles en 1469, éclipsé par la puissante cité de Lille, Roubaix fut autorisé par lettres patentes de Charles, duc de Bourgogne, à fabriquer une classe limitée d'étoffes de laine. Ce droit, attaqué par son orgueilleuse voisine Lille, fut à la fin confirmé par l'Empereur. Malgré cette décision suprême, une guerre industrielle s'éleva entre les villes rivales, et cette guerre, qui dura trois siècles, contribua, sans aucun doute, à la vigueur et à l'esprit entreprenant du vainqueur, c'est-à-dire de Roubaix. Le traité d'Aix-la-Chapelle, de 1668, qui unit la Flandre à la

France, en ouvrant un marché plus large, donna pleine carrière à l'activité flamande.

La production des étoffes à Roubaix, qui en 1612 ne dépassait pas 3,000 pièces, augmenta graduellement jusqu'en 1771, époque à laquelle on y fabriquait 38,000 pièces, occupant 40,500 ouvriers des deux sexes, et représentant une valeur de 29,875,000 francs. En 1786, Roubaix avait acquis une importance manufacturière suffisante pour se mettre à la tête d'une résistance organisée, afin d'empêcher les conséquences du traité désastreux de M. de Vergennes, qui admettait les produits anglais sur les marchés français avec droits nominaux. Tous ses habitants, hommes, femmes et enfants, signèrent un acte par lequel ils s'engagèrent à ne porter que les tissus de France. Ce mouvement s'étendit dans les autres provinces, et l'engagement pris fut tenu jusqu'à ce que la convention de 1786 fut révoquée et la protection restaurée. Fidèle à ses vieilles traditions, Roubaix, entre toutes les villes françaises, est la plus déterminée à dénoncer le relâchement du système protecteur, par suite du récent traité avec l'Angleterre. Encore, cette année-ci (1867), comme le rapporte le *Journal des Economistes*, les chambres consultatives des arts et des manufactures de Roubaix et de Tourcoing ont protesté auprès du ministre du commerce contre le renouvellement du traité, déclarant que la fortune publique avait souffert un dommage de 200 millions, par suite de ce traité. Les manufactures de Lille et d'Amiens se sont ralliées à ce mouvement, secondé par le *Moniteur industriel* du 9 janvier 1868, dans ces termes : « Cette alliance anglo-française nous a coûté 15 millions. « Ajoutons-y les résultats du traité avec la Belgique et du « traité avec le Zollverein, et nous arrivons à un total de « 20 millions. Les traités de commerce, la grande réforme « économique, les travaux qui illustrent la seconde moitié « du XIXe siècle, ont inscrit 20 millions au débit de notre « bilan national. »

L'ancienne devise inscrite sur les armes de Roubaix renferme en deux mots le secret de toute prospérité dans les manufactures aussi bien que dans la vie ordinaire. Ces deux mots sont : *Industrie et probité*. Parmi les maîtres de l'industrie textile des temps passés, la fabrication loyale des étoffes était un point d'honneur aussi estimé que la bravoure chez les chevaliers et la vertu chez les femmes. Quand, après la Révolution, on rendit libre la fabrication des étoffes, les fabricants de Roubaix s'y opposèrent, disant que les anciennes réglementations municipales, établies pour empêcher les fraudes en manufactures, devaient être conservées. Pendant quarante ans, ils ne cessèrent, par l'intermédiaire de leur chambre de commerce et de leur conseil de prudhommes, de demander au gouvernement la restauration des anciens règlements restrictifs.

Cependant, aucune ville n'a tiré plus d'avantage de cette liberté à laquelle Roubaix s'était opposé si longtemps. Depuis la seconde moitié de ce siècle, sa vie industrielle n'a pas cessé d'être une série d'entreprises et d'essais heureux. L'idée qui y dominait était celle de faire entrer les tissus de luxe dans la consommation générale, en combinant le meilleur goût et la qualité supérieure avec le plus bas prix possible. Sous l'influence de cette idée, on a constamment varié les matières et les styles, combinant la laine avec le coton, avec la soie, avec le mohair et le lin, mais dans toutes ces productions économiques conservant une grâce de décoration, une sobriété et une harmonie de couleurs qui enlèvent toute sa vulgarité au bon marché.

Le traité anglo-français a obligé Roubaix à entrer en compétition directe avec Bradford pour la production des tissus légers et fragiles où la laine, le poil de chèvre sont associés au coton, tels que les baréges, les cobourgs, les mohairs, tissus qui ont donné une immense impulsion à l'industrie des *Worsted* d'Angleterre. Mais, d'après les déclarations récentes de ses fabricants, la supériorité de goût et d'invention de Roubaix n'a pu lui conserver la domination du marché national en concurrence avec le capital plus puissant de la Grande-Bretagne.

Les grands établissements soutiennent la comparaison avec leurs rivaux anglais, dont les méthodes, les dimensions et les machines ont été adoptées. Aucune ville en France ne s'est développée avec une aussi grande rapidité. La population, qui ne comptait que 5,000 âmes en 1786, a successivement monté à 10,000 en 1806, à 15,000 en 1830, à 25,000 en 1840, pour atteindre 55,000 âmes en 1864. Pour les tissus, la production était primitivement de 3,000 pièces; aujourd'hui elle est de 400,000 pièces; la valeur des produits, de 3 à 4 millions, s'est élevée à environ 200 millions. Cet accroissement rapide n'a son analogue en Europe qu'à Bradford, qui doit son existence à la même industrie. Chose extraordinaire, cette prospérité merveilleuse n'est due, sous aucun rapport, à des avantages de nature ou de situation. Roubaix n'a pas eu de force hydraulique, les cours d'eau qui le traversent suffisant à peine pour le blanchiment. Même en 1824, il n'avait d'autre communication en hiver, avec Lille, qu'un chemin impraticable. C'est uniquement dans la population native qu'il faut chercher le secret de sa prospérité, population héritière de l'adresse, des arts, de l'esprit entreprenant des Flamands. Une seconde et plus récente source de prospérité lui a été ouverte par l'heureuse idée d'appliquer le goût et l'adresse de cette population, aidée de la mécanique et de la vapeur, à fournir, sous la forme la moins chère et la plus attrayante, des tissus légers aux femmes et aux enfants, et à satisfaire l'inconstance du goût féminin par une variation constante dans la texture, dans les dessins et dans les couleurs. Les profits que l'on retire de cette fabrication proviennent de ce que l'on donne la plus grande somme de travail mécanique à la plus petite quantité possible de matière première.

Les ventes et les estimations des droits de tarif pour les tissus de laine cardée se font, le plus souvent, d'après le poids, parce que l'on tient compte de la quantité de matière première. Pour les tissus de laine peignée, on les fait d'après la dimension. Ainsi on estime qu'une seule toison d'un antenais de race lincoln, pesant 20 livres avec une longueur de mèche de 17 pouces, comme on en expose quelquefois en Angleterre, et manufacturée avec du coton pour tissu fin d'alpaca, peut suffire à fournir 16 pièces, ou 614 mètres, ce qui suffirait à 56 vêtements. La même quantité de laine convertie en drap donnerait à peine six habillements pour homme.

D'après M. Benoville, un relevé exact, fait à Roubaix en 1843, montre que les manufactures de cette ville consommaient 4,536,168 kilogrammes de laine, d'une valeur de 17 millions, ce qui met cette matière première au prix moyen de 3 fr. 74 le kilogr. Elles ont, en outre, consommé pour 1,225,000 fr. de soie et de coton, ce qui porte la valeur totale de la matière première employée à 18,225,000 fr. La valeur totale des étoffes que l'on en a tirées a été de 63 millions. Les marchandises livrées à la consommation avaient une valeur de trois un quart en plus de la valeur de la matière première, c'est-à-dire que, si l'on attribue 3 fr. 74 pour la laine, la soie et le coton, il reste 9 fr. 35 pour la main-d'œuvre, l'intérêt du capital et le profit.

Il est à peine nécessaire de s'étendre sur les raisons auxquelles il convient d'attribuer le développement remarquable, pendant le dernier demi-siècle, donné à la catégorie de produits manufacturés dont il est question. Roubaix et Bradford par eux-mêmes suffisent à démontrer que l'industrie de la laine de peigne, à laquelle nous avons relativement à peine touché en Amérique, est pour nous la branche la plus encourageante de toutes les autres branches de l'industrie textile.

Examinons, pour terminer, la condition de la population industrielle de Roubaix.

La moyenne actuelle des salaires journaliers, en déduisant le temps perdu, est fixée comme il suit par les autorités statistiques :

Peignage de laine.... {	Hommes......................	2 fr. 60 c.
	Femmes......................	1 80
Filature de laine..... {	Hommes......................	2 60
	Femmes......................	1 80
Tissage de laine..... {	A la Jacquard................	2 25
	Mécanique...................	2 25
Teinture de laine.... |	Hommes......................	2 60

Les dépenses strictement nécessaires pour une famille de 5 personnes, où le père et la mère travaillent seuls, sont évaluées à **2** fr. **70** par jour, se décomposant ainsi :

Pour le logement.	0 fr. 40 c.
Pour le pain.	1 10
Pour autres aliments.	0 75
Pour blanchissage, chauffage, éclairage.	0 45

Dans ce calcul, la viande n'est pas comprise, parce qu'elle n'arrive sur la table de l'ouvrier que dans de rares occasions. Il n'est pas tenu compte, non plus, du vêtement et du mobilier. Tel qu'il est, le total de la dépense annuelle varie de **986** à **1,000** fr.

L'entretien de la famille retombant, en général, entièrement sur le père et sur la mère, on voit que leurs salaires réunis donnent de **1,150** à **1,250** francs par an, ce qui ne laisse, comme excédant sur la dépense, que **150** francs dans le premier cas, et **250** francs dans le second.

Quand la vie de famille est si dure et si austère, quand elle ne procure pas d'autres joies, excepté peut-être celle de remplir son devoir, il ne faut pas être surpris quand, dans une ville même pourvue d'écoles et d'institutions religieuses, la statistique accuse, pour **1863**, par exemple, **487** mariages pour une population de **54,000** âmes, et **283** naissances illégitimes, dont **18** seulement ont été reconnues.

Il faut rendre aux écrivains sociaux et aux statisticiens

français cette justice, qu'ils signalent les faits relatifs à la condition des travailleurs sans essayer de les justifier et de les exagérer. On dirait que, dans le système européen, les maux de la rémunération du travail sont si vastes et si compliqués avec le système social et politique qui existe sur le vieux continent, que ce serait une entreprise vaine que de vouloir entrer en lutte avec eux. « La question des salaires, dit un « écrivain, est l'une des questions les plus importantes de « notre époque, la plus difficile, peut-être, à résoudre. » Nous n'essayerons pas de la discuter. Un autre écrivain n'hésite pas à affirmer « que, avant qu'il soit longtemps, la « question du salariat jouera un rôle plus important qu'au- « paravant dans les comptes respectifs et dans les moyens de « défense des différentes industries. »

Espérons qu'en Amérique la question des salaires, du moins, sera résolue en adoptant un système de protection, non pour les manufactures, mais pour le travail. *Ce sera là le moyen le plus efficace de défendre notre industrie dans toutes ses branches.*

AUTRES NATIONS EUROPÉENNES.

Belgique. — Allemagne. — Autriche.

Nous ne pouvons que donner un coup d'œil aux autres centres principaux de l'industrie lainière sur le continent européen.

En *Belgique*, le grand siége de l'industrie de laine cardée est à Verviers. Cette ville, forte de 5,000 âmes il y a cent ans, en a maintenant 28,000, et, avec ses faubourgs, 40,000. En 1797, ses manufactures produisaient pour 3 ou 4 millions; en 1864, elle a produit pour 70 millions. Sa fabrication montre un accroissement annuel de 10,000 pièces. La réputation de quelques-uns de ses produits n'est surpassée nulle part, entre autres ceux qui sortent de la maison *Simonis,* dont le nom brille au premier rang parmi ceux qui furent récompensés dans la classe des tissus de laine cardée à l'Exposition de Paris.

Les manufactures belges travaillent surtout pour l'étranger ; l'un de leurs principaux débouchés est aux Etats-Unis. Elles sont capables d'escalader nos barrières douanières en réduisant le salaire de leurs ouvriers. Beaucoup de tisseurs ne gagnent pas plus de 1 fr. 50 par jour ; les femmes, 80 centimes. Pour douze heures de travail on paye, à Verviers, 2 francs, en moyenne. Avec un travail à bas prix comme celui-là on produit des étoffes de laine et coton mêlés qui ne coûtent que 1 fr. à 1 fr. 55 le mètre. Ce n'est pas sans alarmes que l'Angleterre, surtout ses maîtres de forges, observent les salaires si bas de la Belgique.

L'industrie lainière du *Zollverein,* c'est-à-dire l'Allemagne moins l'Autriche, emploie, d'après les données les plus récentes, 850,000 broches, et produit des tissus pour plus de 400 millions, dont 50 millions pour l'exportation. Les draps, surtout les draps unis fins et les doskins, sont largement expédiés en Amérique. Les salaires étant encore plus bas en Allemagne qu'en Belgique, la concurrence avec l'Angleterre en est facilitée, ainsi que la lutte avec les droits de la douane américaine. La journée moyenne d'un tisseur allemand ne dépasse pas 1 fr. 25 dans les campagnes, et 1 fr. 75 dans les villes. Les femmes reçoivent un tiers de moins.

Voici des faits relatifs à la production et aux salaires à Aix-la-Chapelle, l'un des grands centres de l'industrie de laine cardée, que M. Vesey, consul des Etats-Unis dans cette ville, a fournis à M. R. W. Robinson :

Production annuelle, 150,000 pièces de 23 mètres chaque.

Laine brute, principalement tirée de Berlin, Breslau, Londres et Anvers, 3,400,000 kilogrammes, au prix variant de 2 fr. 50 à 7 fr. le kilog.

Nombre d'ouvriers, 10,000.

Salaires par semaines : de 11 fr. 25 à 18 fr. 75 pour les
hommes;
— de 5 fr. à 11 fr. 25 pour les
femmes;
— de 2 fr. 50 à 5 fr. 60 pour les
enfants.

L'*Autriche* transforme annuellement 38 millions de kilogrammes de laine en tissus valant 250 millions. *Brunn*, ville située au cœur de la Moravie, est une vaste fabrique de draps, placée dans une excellente situation au confluent de deux rivières et traversée par deux lignes de chemins de fer. Les meilleurs procédés et les machines les plus parfaites y sont en usage. Ses étoffes, réellement admirables, ont largement été introduites aux Etats-Unis. Malheureusement, cette introduction, pour la plus forte part, s'est faite en fraudant le tarif américain avec une absence de scrupules que l'on chercherait vainement ailleurs. Les prix des bons draps autrichiens sont les plus bas de l'Europe entière; le salaire moyen des ouvriers ne dépasse pas 1 fr. 25 par jour.

GRANDE-BRETAGNE.

C'est grâce à ses laines que l'Angleterre est parvenue à conquérir la première place dans l'industrie textile. Son sol et son climat favorisent l'élève de bêtes ovines douées de qualités impossibles à trouver dans d'autres races et dans d'autres pays. Le sentiment national dominant est éloquemment exprimé par l'un de ses vieux auteurs, qui dit que *la laine est la fleur et la force, la fortune et le sang de l'Angleterre.* Des lois interdisant l'exportation assuraient la possession exclusive de la laine indigène; d'autres lois favorisaient l'importation des laines auxiliaires de l'étranger en ne les grevant que d'un impôt faible ou nominal. D'un autre côté, les manufacturiers de lainages avaient eu l'adresse de s'approprier les arts supérieurement pratiqués dans les Pays-Bas et en France, en accueillant à bras ouverts les réfugiés poussés vers les plages anglaises par les persécutions du duc d'Albe et par la révocation de l'édit de Nantes. Ces réfugiés devinrent, suivant l'expression de M. *Huskisson*, l'objet de toutes les caresses et de toutes les faveurs, et on les encouragea par une série de mesures protectrices telles qu'on n'en trouve d'exemples nulle part.

L'industrie lainière s'implanta d'abord dans les comtés de l'Est et de l'Ouest. Dans le xviiie siècle, elle émigra vers les comtés du Nord, où abondaient le charbon nécessaire aux machines et les immenses troupeaux fournissant des toisons choisies. Mais c'est dans le *West-riding* du comté d'*York* qu'elle prit des proportions véritablement gigantesques. Là sont concentrés les plus remarquables établissements lainiers du monde, répartis dans quatre villes principales, dont chacune, par une loi qui semble universelle, s'est consacrée à une branche spéciale de fabrication. *Leeds* fait de la grosse draperie; *Huddersfield*, de la draperie légère; *Halifax*, des tapis, et *Bradford* les étoffes façonnées, minces et brillantes.

Les effets d'une industrie lainière prospère sur la population se démontrent d'une manière remarquable dans le West-Riding. Ce district, qui, en 1801, n'avait que 593,000 habitants, en avait 1,154,000 en 1841, et 1,375,000 en 1867. En 1841, Halifax, de 63,000 habitants, était arrivée à 130,000 âmes ; Huddersfield, de 14,000 à 38,000, et Leeds, de 53,000 à 152,000. A Bradford, le siége dominant des tissus mélangés, l'accroissement de la population est encore plus remarquable. Au commencement du siècle, quand toute la laine se filait et se tissait au domicile de l'ouvrier, cette ville ne comptait que 13,000 âmes; ce chiffre, en 1821, avait doublé, et montait à 26,000. L'introduction des métiers mécaniques en 1825, l'adoption des chaînes coton avec trames laine en 1834, l'emploi du poil d'alpaca et d'angora en 1836, toutes ces innovations successives donnèrent une impulsion telle à l'industrie manufacturière, que, en 1851, elle occupait 103,000 individus, et 115,000 en 1864, c'est-à-dire au delà de 100,000 âmes de plus que cinquante ans auparavant.

Un ancien statut sur la condition de l'industrie lainière dans la ville d'York, rédigé sous le règne de Henry VIII, forme un contraste curieux avec la situation présente du comté d'York. Aujourd'hui, ce district fabrique les produits les plus variés; l'industrie y couvre 50 milles carrés; elle occupe 750,000 broches et 35,000 métiers mécaniques répartis dans 932 établissements où travaillent 75,000 ouvriers. Sous Henry VIII, l'acte cité plus haut déclare : « Que « les pauvres de la ville d'York sont journellement employés « à filer, teindre, carder, tisser, etc., pour confectionner « des couvre-pieds; qu'ayant appris que cette industrie, ré- « cemment organisée dans le comté, s'était répandue dans « d'autres localités; qu'ayant reconnu que les produits « étaient par là dégradés et discrédités; pour ces motifs, « ordre est donné pour que personne autre que le peuple « de la ville d'York ne fasse des couvre-pieds. » Quelle différence entre ces deux époques, entre la misérable main-d'œuvre de l'époque ancienne, et la magnifique industrie manufacturière moderne dans laquelle elle s'est transformée!

Bien que le West-riding du comté d'York soit le siége le plus important de l'industrie lainière en Angleterre, celle-ci n'est nullement réduite à cette région. Il y a d'autres centres qui, à l'exemple du comté d'York, se sont voués à des spécialités lainières. Tandis que les draps forts pilote, etc., pour par-dessus, se fabriquent principalement à Leeds, les étoffes pour pantalon et pour gilet à Huddersfield, les couvertures à Dewsbury, les tapis et les damas pour meubles à Halifax, toutes villes appartenant au comté d'York, les tartans, châles, etc., se font généralement à Galashiels et à Hawick, les imitations de châles cachemire à Paisley; les flanelles à Rochdale, les couvertures de chevaux et étoffes de même catégorie dans le comté d'Oxford, et à Witney,

Chipping Norton, et à Kendal, dans le comté de Westmoreland, la bonneterie à Nottingham, et les popelines soie et laine à Norwich, tous pays plus ou moins éloignés d'York et de son comté, mais tous reconnus comme les quartiers généraux de chacune des spécialités que l'on vient d'énumérer.

Grâce à la réserve caractéristique des manufacturiers anglais, il est presque impossible de se procurer des documents récents de statistique sur l'industrie de la Grande-Bretagne. Nous avons eu surtout l'occasion de remarquer cette difficulté dans les comptes rendus de la chambre de commerce de Bradford, où l'on pouvait espérer trouver des renseignements détaillés. Le travail statistique le plus récent est celui de M. Symonds, pour l'année 1861. D'après cette source, la valeur totale des produits manufacturés du royaume, les étoffes mélangées non comprises, était de plus de 500 millions, se répartissant ainsi :

36 millions de kilog. de laine étrangère et coloniale, valeur de.	118 millions.
40 millions de kilog. de laine indigène à 2 fr. 80.	125 —
15 millions de kilog. de *shoddy* à 50 c. . 7 millions de kilog. de *mungo* à 90 c. . } ensemble. . .	15 —
Coton et autres matières pour chaîne pour étoffes mêlées.	5 —
Matières de teinture, huile, savon, etc.	38 —
Ouvriers à 15 fr. 60 c. par semaine.	127 —
Loyer, usure des machines, réparations, intérêt du capital et profit, 20 pour 100 sur les 500 millions, valeur du produit ci-dessus.	84 —

Suivant le même auteur, l'industrie des tissus façonnés absorbe **40 millions de kilog.** de laine anglaise, **7 millions de kilog.** de laine étrangère et coloniale, et occupe **125,000 ouvriers.** En somme, le nombre total des ouvriers travaillant à la laine est de **275,000,** et, si l'on compte toutes les personnes qui dépendent directement de cette industrie, on obtient le chiffre énorme de **837,000 individus.**

Nous n'essayerons pas d'entrer dans des détails sur la rémunération du travail dans l'industrie lainière de la Grande-Bretagne. Ce serait d'ailleurs difficile, car on ne trouve pas, en Angleterre, des documents statistiques auxquels on puisse se fier comme à ceux de France. Les chiffres, relevés à des sources très-disséminées, varient tellement, il y a tant de diversité dans le prix relatif des loyers, que les données, prises dans un petit nombre d'établissements, ne peuvent mener à aucune conclusion pratique. Pour se former une opinion de quelque valeur, il vaut mieux la baser sur une vue générale que sur un examen microscopique. Suivant M. Reybaud, qui a étudié cette question de très-près, si l'on met à part les cas exceptionnels où les recettes d'un ouvrier anglais et de sa femme montent à **3,000** ou **3,500** fr., les recettes moyennes du couple ne peuvent pas s'abaisser au-dessous de 1,700 ou de 1,800 fr., contre 1,350 fr. de recette à Roubaix, et 900 fr. à Amiens, pour cas analogues. On voit, par là, que les salaires moyens dans l'industrie lainière en Angleterre sont matériellement moindres qu'en Amérique, particulièrement pour les ouvriers ordinaires, y compris femme et enfants, mais qu'ils sont de beaucoup supérieurs aux salaires payés en France et dans les autres pays du continent. Le même auteur dit que la chambre de commerce de Leeds estime à **35** fr. le salaire de l'ouvrier pour les articles les mieux payés, et à **22** fr. pour les articles les moins payés, avec des salaires intermédiaires compris entre ces deux extrêmes. S'il en est ainsi, les manufacturiers américains conviendront que, dans la lutte qu'ils ont à soutenir, ce n'est pas tant le plus bas prix des salaires en Angleterre qui rend la concurrence difficile, mais l'intérêt plus bas des capitaux, qui permet l'emploi d'un vaste capital et l'usage si avantageux des machines, et l'abondance du travail toujours facile à rencontrer dans la vaste réserve des prolétaires, ambitieux de s'élever au rang d'ouvriers.

La condition matérielle des ouvriers s'est considérablement améliorée, surtout dans le comté d'York, par l'abondance des subsistances pendant les dernières années et par la baisse de prix qui en est résultée. Dans le *West-Riding*, où le travail, de 1845 à 1847, produisait 12 fr. 50 par semaine, il obtient maintenant 20 fr. La nourriture d'une famille qui coûtait alors 12 fr. 15 ne coûte aujourd'hui que 7 fr. 50. Les ouvriers de l'industrie lainière dans le comté d'York peuvent manger actuellement de la viande deux fois par jour, se vêtir convenablement, se procurer quelques plaisirs, et accumuler des épargnes. Ils sont devenus un objet d'envie pour les ouvriers du continent.

Il serait oiseux de rechercher si ce changement est dû à l'agitation chartiste, aux *trade-unions*, à l'intérêt personnel bien compris des patrons, ou à la culture morale des Anglais; on est obligé de reconnaitre ce fait que la condition matérielle de l'ouvrier anglais est considérablement supérieure à celle de son confrère en France, en Belgique, en Prusse et en Autriche. Mais, en revanche, on admet que l'éducation générale et technique de l'ouvrier anglais est de beaucoup inférieure à celle des ouvriers des nations précitées. L'Exposition universelle de Paris a servi à ouvrir les yeux de l'Angleterre à ce fait saisissant qu'elle avait fait peu de progrès dans l'industrie manufacturière et mécanique depuis 1851, comparativement aux progrès réalisés dans plusieurs autres pays d'Europe. Parmi les réponses faites par des membres éminents du jury à une demande d'information présentée par la commission d'enquête des écoles du 2 juillet 1857, voici ce que l'on dit sur l'infériorité dont il vient d'être question et sur ses causes apparentes :

« Suivant le docteur *Playfair*, l'opinion aurait unanime-
« ment prévalu que l'Angleterre a montré peu d'esprit
« d'invention, et qu'elle a fait peu de progrès dans les arts
« pacifiques industriels depuis 1862. » — Le professeur
Tyndall « est, depuis longtemps, persuadé que les nations
« continentales, en vertu d'une éducation mieux entendue,
« doivent, à un jour donné qui peut-être n'est pas bien
« loin, dépasser l'Angleterre, aussi bien dans les arts de la
« paix que dans ceux de la guerre. » S'occupant plus directe-

« ment de la question qui fait l'objet de ce rapport,
« M. *Huth* dit : « Je suis fâché de confesser, quoique nous
« soyons encore supérieurs dans un grand nombre de nos
« productions, que nous n'avons plus la prééminence qui
« nous distinguait en 1851. Les énormes enjambées de
« nos rivaux du continent, tels que la France, la Belgique,
« la Prusse et l'Autriche, pendant ces dernières années,
« rendent chaque jour plus difficile, aux manufacturiers an-
« glais de lainages, non-seulement de conserver leur haute
« position passée, mais encore de maintenir celle qu'ils ont
« présentement. C'est le manque d'éducation industrielle
« qui, selon moi, empêche nos manufacturiers de progresser
« comme le font les autres nations. J'ai trouvé, à l'étranger,
« les patrons et les contre-maîtres beaucoup plus avancés
« scientifiquement que les nôtres. L'éducation des ouvriers
« est également bien supérieure à celle des nôtres parmi les-
« quels il y en a qui ne savent rien. Les productions du conti-
« nent montrent que ce n'est pas une machine qui fait mou-
« voir une autre machine, mais que ce sont des hommes
« qui dirigent les métiers, et que l'intelligence préside à la
« roue de la fileuse. »

Ces allusions aux institutions consacrées à l'éducation
scientifique et technique sur le continent d'Europe ne
doivent pas être perdues pour nous autres Américains ; les
exemples cités doivent nous encourager à étendre, à multiplier des institutions, comme il en existe dans les écoles de
l'institut *Cooper*, à New-York, ou analogues à l'Institut
technologique du Massachussets.

Disons, toutefois, que pour nous le déclin dans les arts
industriels en Angleterre, tel qu'il est si pleinement admis
par ses propres experts, gît dans une cause plus profonde
que dans une simple insuffisance de l'éducation technique.
Les écoles d'art sont le résultat, en même temps que la
cause, d'un sentiment national de ce qui est excellent. Un
pareil sentiment ne saurait prédominer dans une nation où
l'idée fondamentale du système manufacturier est la pro-

duction au meilleur marché possible pour la plus grande consommation possible. Sous l'influence d'une telle idée, l'idéal du beau doit nécessairement décliner. On en voit les fruits dans les draps de chiffons effilochés, dans les rails fragiles des chemins de fer, dans la poterie, dans tous ces produits de rebut qui inondent tous les pays qui ne se protégent pas eux-mêmes par leur production propre et par des droits défensifs. C'est à ce commerce alimenté par un semblable système manufacturier que s'applique si justement le fameux vers de *Goldsmith* :

Et l'honneur décline partout où prévaut le commerce.

Les économistes français sont unanimes à déplorer l'influence de cette idée néfaste, qui s'est glissée en France par suite du traité franco-anglais ; ils assurent qu'elle a exercé une influence funeste sur les artistes français qui ont longtemps séjourné en Angleterre : « Ils perdent leur manière ; leur imagination s'éteint ; c'est une flamme qui meurt dans l'atmosphère froide et positive des Anglais. »

Les manufacturiers américains, en produisant, comme ils l'ont fait jusqu'ici, principalement pour la consommation des masses, se sont appliqués à imiter le système anglais actuel. Ils feraient mieux de prendre pour modèle le type des vieux maîtres anglais de l'industrie lainière, ou celui de leurs descendants dans les comités de l'Ouest qui produisent pour les marchés intérieurs, ou bien, enfin, le type encore plus élevé de la fabrication qui prévaut en France. Que l'on remarque que le système qui est profitable pour un commerce à l'étranger ne saurait être constamment rémunérateur pour la consommation intérieure. Quand on fabrique pour l'intérieur, les délits industriels du producteur sont comme des *péchés personnels* qui, selon un vieux proverbe, *compromettent toujours ceux qui les ont commis.* La fausse économie de faire des tissus misérables ou, pour parler plus nettement, des tissus déshonnêtes, finit toujours par soulever les réclamations de l'acheteur, par accumuler le stock, et finalement par entraîner la banqueroute des établissements.

Faisons, enfin, observer aux manufacturiers américains que, même en produisant pour les masses de leur pays, ils ne doivent pas oublier que le goût et le jugement de ces masses se perfectionnent pour tout ce qui est réellement bon, et que bientôt un consommateur ne voudra pas plus d'un tissu commun qu'un mécanicien américain ne voudrait d'outils à bon marché. Que la vieille devise de Roubaix, *Industrie et probité*, devienne aussi la devise des manufacturiers d'Amérique. Que les progrès surprenants de notre industrie lainière, pendant les cinq dernières années, deviennent le gage des progrès à venir, et l'excellence et la variété de ses produits exciteront dans le peuple de la sympathie pour nos efforts et stimuleront l'orgueil national en présence de nos œuvres. C'est ainsi que par nos travaux honnêtes nous conquerrons le succès final, c'est-à-dire que nous provoquerons un sentiment public positif qui animera le pays tout entier en faveur des produits de son propre sol et de son propre labeur.

ANNEXE A.

LES MÉRINOS AMÉRICAINS,

Par l'hon. Henry S. RANDALL,

docteur en droit, président de l'Association nationale des producteurs de laine.

Le mérinos américain pur sang, selon le terme accepté aujourd'hui, s'entend uniquement des descendants purs des mérinos importés d'Espagne aux États-Unis vers le commencement de ce siècle. Les premiers sujets introduits étaient au nombre de six, et furent amenés par différentes personnes entre 1793 et 1802. Dans la dernière de ces années, M. *Livingston*, ministre d'Amérique en France, envoya deux couples pris dans le troupeau du gouvernement français. Vers la fin de cette même année 1802, le colonel *Humphreys*, ministre d'Amérique en Espagne, amena, à son retour aux États-Unis, un troupeau de vingt et un béliers et de soixante-dix brebis, qui parvint sain et sauf dans une ferme qui lui appartenait dans le Connecticut. Les mérinos importés avant ceux-là n'ont pas, à ma connaissance du moins, laissé de descendance de pure race.

Le colonel Humphreys n'a rien publié sur son acquisition ni sur l'histoire de ses animaux. Le fait de les avoir achetés et de les avoir pris directement parmi les mérinos d'Espagne lui paraissait évidemment devoir satisfaire à toute question, et garantir leur sang et leur qualité. Le colonel était un homme de grand ton, très-patriotique, riche, et convaincu qu'il rendait un grand service à son pays en introduisant ces bêtes à laine. On en trouve la preuve dans son poëme « *Sur l'industrie des États-Unis d'Amérique,* » où on lit ce fier passage :

> Et la Grèce n'eut pas, dans la toison d'or
> De la Colchide, un aussi riche trésor.

La question de savoir dans quelle famille ou quelles familles il choisit ses moutons n'a plus grande conséquence aujourd'hui. Mais certaines circonstances m'ayant permis de faire des recherches dans certains documents publics et privés, ayant trait au sujet qui nous occupe, je suis arrivé à cette conclusion certaine que tous les animaux du colonel Humphreys sortaient d'une famille unique, celle de l'Infantado.

A en juger par des lettres manuscrites du colonel, que j'ai sous les yeux, il ne trouva pas seulement une grande satisfaction, mais encore de grands succès dans l'élève de ses mérinos. Les animaux venus directement d'Espagne eurent, dit-il, des toisons qui pesaient une livre de plus, et leurs descendants continuèrent à s'améliorer sous ce rapport et sous plusieurs autres. Il parle avec chaleur de leur rusticité et de leur propension à prendre la graisse ; leur viande lui semble délicieuse.

Il mourut en 1818, précisément à une époque où, pour des causes que nous dirons plus loin, la faveur qui avait accueilli les mérinos à leur début s'était changée en abandon et en dédain. A sa mort, son troupeau inestimable fut dispersé, et, pour parler d'une manière générale, les animaux qui le composaient tombèrent entre des mains peu capables de rendre justice au mérite de leur origine. C'est tout au plus si, après 1826, il en existait deux ou trois dont la pureté fût authentique.

L'importation de quelque importance qui suivit celle-ci eut lieu en 1809 et 1810 ; elle est due à M. *William Jarvis,* consul américain à Lisbonne, en Portugal. Prenant avantage des offres de la junte espagnole qui désirait confisquer les troupeaux de quelques nobles d'Espagne, il acheta et

expédia à différents ports des États-Unis environ 3,850 mérinos. J'ai une lettre de lui, écrite en 1841, où il me dit
« qu'environ 1,300 de ces bêtes étaient des *Aqueirres*,
« 200 des *Montarcos*, le reste des *Paulars* et des *Negrettis*,
« surtout des premiers. Il ajoute : ceux que j'ai réservés
« pour moi étaient composés d'environ moitié Paulars, un
« quart Aqueirres, et le dernier quart d'Escurials, de Ne-
« grettis et de Montarcos, que plus tard j'ai mêlés ensemble. »
Relativement à d'autres importations de la même époque,
M. Jarvis écrit encore : « En 1810, d'autres personnes
« envoyèrent environ 2,500 bêtes appartenant aux familles
« Paular, Montarcos, Aqueirres et Guadalupe. Les unes
« abordèrent à New-York, les autres à Boston. Toutes sor-
« taient du royaume de Léon, étaient transhumantes, et
« et appartenaient aux troupeaux les plus distingués d'Es-
« pagne. Étant consul américain à Lisbonne, qui était le
« port d'embarquement le plus rapproché, à peine éloigné
« de 160 kilomètres de Badajoz, j'ai pu prendre les rensei-
« gnements les plus précis sur ces envois de 1809 et de
« 1810. » Quelques-uns de ces chargements n'arrivèrent
aux États-Unis qu'en 1811.

A l'époque où ces animaux furent introduits en Amérique, les circonstances étaient extrêmement favorables à
leur élevage et à leur diffusion. De 1807 à 1812, les règlements maritimes de l'Angleterre et de la France, et nos
propres représailles, paralysèrent, suspendirent même pendant quelque temps, notre commerce à l'étranger. La
guerre avec l'Angleterre, qui dura jusqu'en 1815, balaya
notre marine marchande sur toutes les mers. Ces événe-
ments obligèrent le peuple américain à établir des manufactures de toutes sortes, de laines et autres, et à produire de
la matière première. Législateurs des États, presse, politi-
ciens de tous les partis et de tous les degrés, encouragèrent
les efforts dans ce sens, et l'intérêt patriotique aussi bien
que l'intérêt pécuniaire répondirent chaleureusement à cet
appel. Aussi l'importation nouvelle des mérinos fut-elle reçue

avec enthousiasme. On payait des prix fous pour en avoir, de 5,000 à 7,000 francs par tête de bétail. De tous côtés on vit apparaître des troupeaux de mérinos purs ou croisés. Pendant la guerre, la laine non lavée des mérinos purs se vendit jusqu'à 12 fr. 50 la livre.

Mais la paix de Gand vint replonger nos manufactures dans l'enfance et les exposer sans protection à la concurrence du monde entier. Nos finances affaiblies et en désordre accélérèrent leur chute, et elles tombèrent sans combat, perdues irrévocablement. Dès lors, il n'y eut plus de marchés pour les laines fines aux États-Unis, et des mérinos estimés à 5,000 francs en 1809 se vendirent à 5 francs par tête en 1815. Leur propagation, comme race à part, fut abandonnée par la plupart des propriétaires, et le plus grand nombre de ces animaux précieux alla se perdre dans la masse des moutons grossiers du pays.

Cet état de choses se prolongea jusqu'en 1824. Sous l'influence du tarif de cette année, le système protecteur pour les laines et les lainages, inauguré par le tarif de 1816, s'accentua de telle façon qu'il devint de nouveau profitable de se livrer à la production des laines fines. On se remit à importer de nouveaux mérinos ; seulement, au lieu de les aller chercher en Espagne, on alla les prendre en Saxe. Il y eut alors un nouvel accès d'ardeur pour les laines de haute finesse, semblable à celui de 1809 à 1815. Le tarif de 1828, en augmentant la protection, augmenta le zèle des éleveurs.

Si nous ne connaissions déjà la singularité des idées fixes qui affecte ces *manies d'amélioration*, nous nous étonnerions de voir que, pendant que l'on s'arrachait les moutons saxons en les payant aussi cher que les moutons espagnols quinze ans auparavant, c'est à peine si l'on songeait aux mérinos pur sang de cette dernière provenance, existant encore dans le pays. Ceux qui pensèrent à ces derniers ne les prirent pas à cause de leur origine ; ils les achetèrent uniquement parce qu'ils parvenaient plus vite que d'autres à se rapprocher du type de la finesse saxonne, autrement dire, parce qu'ils convenaient mieux au croisement avec les saxons. Par un malheur déplorable, la plupart des propriétaires de mérinos espagnols, aussi appelés *vieux mérinos*, s'engouèrent de la théorie courante sur la valeur relative, et se lancèrent à corps perdu dans les croisements, dirigeant leur élevage vers le type saxon, et effaçant par là, aussi rapidement que possible, les caractères distinctifs de la race espagnole pure. Et cependant à cette époque, comme à toutes les autres époques successives, les toisons espagnoles de première qualité avaient une plus grande valeur sur le marché que les toisons saxonnes. Le poids plus élevé des premières compensait et au delà la finesse plus grande des seconds. Les espagnols étaient des mérinos vigoureux, rustiques, parfaitement acclimatés, admirablement adaptés à notre climat et à notre système de culture, tandis que, sous tous ces rapports, les saxons étaient le contraire.

Pourtant, malgré leur insuffisance, les saxons maintinrent leur ascendant incontesté pendant quinze ans. On attribuait leurs défauts à leur acclimatation incomplète. Pour d'autres, il était fâcheux de laisser là des animaux qui avaient coûté si cher. Ils étaient entre les mains de cultivateurs riches et influents, distingués dans la littérature agricole, occupant dans la politique une position notable ; et ces cultivateurs étaient persuadés, et persuadaient les autres, qu'on finirait par atteindre le succès moyennant une législation protectrice. Dans une certaine classe de manufacturiers, des vues analogues prévalaient également. Au congrès, une lutte constante avait lieu entre les amis et les ennemis de la protection, les uns et les autres extrêmes et passionnés dans leurs idées, si bien que, suivant que les uns ou les autres arrivaient au pouvoir, des mesures radicales étaient adoptées. On ne trouvait, par conséquent, dans la politique publique, aucune de ces conditions de stabilité ou de puissance, indispensables pourtant pour faire florir les intérêts industriels affectés matériellement par la concurrence étrangère.

La place me manque ici, pour retracer les dispositions des

divers tarifs des laines et des lainages; mais un coup d'œil jeté sur le prix de la laine, sous les divers régimes , nous éclairera sur le sujet soumis à notre examen.

Prix moyen de la laine fine.

Tarif de 1824 à septembre 1828.	4f. 50 le kilog.
— de 1828 au 3 mars 1832.	5 70 —
— de 1832 à janvier 1834.	5 70 —
— de 1834 à fin 1837.	5 15 —
Même tarif, prolongé jusqu'en octobre 1841.	6 65 —
Tarif de 1842, pendant la première année.	3 50 —
Même tarif, prolongé de 1843 à fin 1846.	4 10 —

Pendant toute cette période de 22 ans, le prix moyen de la laine fine ne dépassa pas de 50 centimes celui de la laine moyenne par kilog., et la différence entre le prix moyen de la laine moyenne et de la laine commune fut encore moins considérable.

A cette époque, les meilleurs troupeaux de race saxonne donnaient des toisons de moins de 3 livres par tête. En 1840, le troupeau de Henri D. Grove, le célèbre importateur et éleveur allemand, fort de deux cents têtes au plus et parfaitement tenu, produisait en moyenne 2 livres 11 onces de laine lavée par tête. M. Grove trouvait ce rendement si beau, qu'il l'invoquait comme preuve de la supériorité de la race dans la controverse qui s'agitait alors dans les publications agricoles entre les partisans des mérinos saxons et des mérinos espagnols.

Cette fameuse controverse avait éclaté en 1835. Dans ce temps-là, des petits lots de mérinos espagnols, achetés par différentes personnes à M. Jarvis, rendirent 4 *livres et demie* de laine lavée par tête. Stephen Atwood, du Connecticut, John E. Rich, du Vermont, Francis Rotch, de New-York, et moi-même, nous obtenions un rendement semblable (1).

---

(1) Le troupeau de M. Atwood et le mien provenaient du troupeau du colonel Humphreys; celui de M. Rich, d'une importation de *Paulars*, faite à New-York en 1811. Le troupeau de M. Rotch avait été formé avec des animaux choisis dans divers troupeaux.

Dès ce moment, le poids des toisons espagnoles augmenta rapidement. En **1841**, mes moutons Humphreys rendirent 5 *livres* 13 *onces* de laine lavée par tête (1), et un petit lot d'antenaises achetées à Rich, du Vermont, 5 livres. En **1845**, M. Stephen Atwood écrivit à l'auteur du *Manuel du berger américain* que son troupeau était composé de cent cinquante têtes, moitié brebis, et moitié béliers et moutons. Ses brebis rendaient 5 livres de laine lavée par tête et ses agneaux autant ; les moutons, 6 livres, et les béliers de 7 à 9 livres. L'année d'avant, la plus lourde toison de brebis avait pesé 6 livres 6 onces, et la plus lourde toison de bélier **12** livres 4 onces. Des résultats semblables ont été constatés dans d'autres troupeaux, mais je n'ai pas eu connaissance personnelle des faits. Mais il ressort de tout ceci que les mérinos espagnols purs de cette époque produisaient **2** livres de laine de plus par tête que les mérinos saxons purs. Il est vrai que la laine de ces derniers se vendait **34** centimes de plus par livre que celle des premiers en **1845**, différence qui, en **1846**, eut une baisse légère et tomba à **32** centimes.

Les éleveurs de mérinos saxons n'ont jamais pu recevoir une rémunération proportionnelle de leur laine. Ils ont vainement attendu une amélioration dans les prix, qui ne s'est jamais montrée. Lorsque le tarif de **1846** vint renverser les manufactures des draps unis en Amérique, il n'y eut plus d'espoir pour eux, et la race saxonne disparut pour faire place au *mérinos américain*, nom qui dès lors fut donné aux moutons de race espagnole.

En effet, le mérinos américain était devenu une variété, comme le mérinos saxon, le mérinos français, etc. ; il pré-

---

(1) Quatre brebis, il est vrai, avaient des toisons de deux ans, mais cela m'a paru considérablement compensé par le grand nombre d'antenais dans le troupeau ; ces derniers, à la manière dont on les traitait alors, donnaient beaucoup moins de laine que les adultes. La troisième toison de mon bélier, primé en 1844, pesait 10 livres. En 1847, l'une de mes brebis produisit 7 livres 10 onces. En 1849, j'ai eu un bélier qui m'a donné 13 livres 3 onces. Toutes ces laines étaient parfaitement lavées.

sentait des différences à la fois essentielles et visibles comparativement avec ses ancêtres d'Espagne ou de toute autre
famille mérine. Il se distinguait des espagnols par le poids
de la toison, par la taille et par la conformation. On vient
de voir quels étaient les poids de toisons américaines lavées.
Les poids moyens des toisons de béliers non lavées en Espagne
sont indiqués à 8 livres et demie par Livingston au commencement du siècle, à 8 livres seulement par Youatt. Tous deux
donnent 5 livres comme poids de toisons non lavées de brebis.
En Angleterre, les negrettis de choix qui formaient le troupeau du roi, fort de 100 têtes, rendirent pendant cinq années
successives (1798-1802), un poids moyen de $3\frac{1}{2}\frac{5}{4}\frac{3}{7}$ livres de
laine lavée à dos, de $2\frac{1}{2}\frac{5}{4}\frac{2}{7}$ livres de laine dessuintée. Dans
cette laine était comprise celle de quelques moutons dont le
nombre n'est pas spécifié ; mais aucune ne provenait des
béliers. En 1801, Dupont de Nemours et un associé envoyèrent
aux Etats-Unis le bélier d'Espagne le plus riche en laine
que l'on y ait jamais vu (1). Cet animal rendit 8 livres et
demie de laine lavée. Dans une lettre que j'ai lue, le colonel
Humphreys mentionne comme rendement extraordinaire
un bélier mérinos élevé par lui qui avait produit 7 livres
5 onces de laine lavée.

Relativement à la taille et à la conformation, l'Autrichien
Petri, qui visita l'Espagne, au commencement du siècle,
afin d'y étudier les mérinos, fit un tableau où il indique les
dimensions suivantes. J'y ai ajouté les dimensions corres-
pondantes des mérinos américains.

---

(1) Dupont de Nemours était à la tête d'une commission chargée, par le
gouvernement français, de choisir les mérinos donnés par l'Espagne en
vertu du traité de Bâle. Lui et M. Delessert envoyèrent en Amérique quatre
béliers, dont trois pour le domaine qu'ils possédaient dans ce pays, et un
pour le président Jefferson. Tous, excepté un, périrent pendant la traversée. Tout ce qui est dit dans le texte regarde les bêtes à laine importées
d'Espagne. Les mérinos français à toison plus lourde ne furent importés
que plus tard.

DÉSIGNATION DES TROUPEAUX.		Poids, y compris la laine.	Distance de la bouche aux cornes.	Distance des cornes aux épaules.	Distance des épaules à la queue.	Longueur totale.	Pourtour du ventre.	Hauteur des jambes de devant.	Hauteur des jambes de derrière.	Distance entre les hanches.
		Livres.	Pouces.	Pieds Pouces	Pieds Pouces	Pieds Pouces	Pieds Pouces	Pieds Pouces	Pouces.	Pouces.
Negretti	Bélier.	97	9 1/4	1 7	2 2	4 6 1/4	4 1 1/4	1 3	10	6
	Brebis.	67	8 1/2	1 6	2 1	4 2 1/2	4 •1 1/2	1 1	9 1/4	4 1/2
Infantado	Bélier.	100 1/2	10	1 6	2 3	4 7	4 2	1 0	9	6
	Brebis.	70	9	1 5 1/2	2 1	4 3 1/4	3 11	1 0	8 1/2	5 1/2
Guadalupe	Bélier.	97 1/4	9	1 6	2 2	4 5	4 5 1/2	1 0	8	6
	Brebis.	69	9	1 2	2 1	3 11	3 9	0 10 1/2	6 1/2	4
Estantes de sierra de Somo	Bélier.	96 1/2	9 1/2	1 6	2 0	4 3 1/2	4 2 1/2	1 0	8	6
	Brebis.	62 1/2	9	1 2	2 1	4 0	3 10	0 11	7	5
Petites Estantes	Bélier.	42	7 1/2	1 3	1 9	3 7 1/2	3 2	0 10	6 1/2	3
	Brebis.	30	7	1 1	1 6	3 2	2 10	0 8	6	3
Mérinos américains.	Bélier.	122	9	10	2 4	3 11	4 4 1/2	0 11	9	9
	Brebis.	114	9 1/2	10	2 4	3 11 1/4	4 1 1/2	0 11	9	8
	Brebis.	122	9	10	2 5	4 0	4 3	0 9	9	8
	Brebis.	100	9	11	2 3	3 11	4 3/4	0 8 1/2	8	8

Quand on examine ces chiffres, on incline à penser que
Petri a dû mesurer le pourtour du ventre sans compter la laine,
car si, pour cette partie du corps, il n'y a pas de plus grandes
différences que celles qui sont inscrites dans ce tableau, on
ne comprend pas, malgré la plus grande largeur des hanches
du mouton américain, pourquoi ces derniers avaient un poids
si supérieur aux autres. Le bélier américain, figurant au
tableau ci-dessus, était plutôt de petite espèce pesant ordinairement 100 livres sans toison. Un bélier de la famille
infantado, arrivé à toute sa croissance, aurait pesé de 10 à
25 livres de plus. Les brebis étaient, au contraire, au-dessus
de la moyenne de mes animaux pleinement développés, et
se trouvaient dans de bonnes conditions. J'ai relevé ces
mesures en 1861, sur des bêtes qui ne représentaient plus
exactement celles de 1846 ; mais, entre ces deux époques,
les modifications de taille et de conformation n'ont pas varié
beaucoup. D'ailleurs je ne sache pas que des mesurages
opérés sur des mérinos américains de 1846 aient été
conservés.

Quelques personnes comprendront peut-être plus clairement les différences de conformation entre les mérinos espagnols et américains par une description que par les chiffres
d'un tableau ; je vais m'efforcer de les satisfaire sur ce point.

Les moutons américains sont plus près de terre, plus ronds,
plus compactes ; ils sont plus larges entre les hanches. Ils sont
plus pleins et plus profonds de poitrine et de culotte, et,
toute proportion gardée, ont le cou et les jambes plus courts.
Le mouton espagnol transhumant avait à parcourir, avec une
grande rapidité relative, 2,200 kilomètres par an ; sa poitrine profonde en même temps qu'étroite, ses jambes plus
longues et sa maigreur l'adaptaient à ce régime. Le cultivateur américain, n'ayant pas besoin de ce genre d'aptitude,
se mit à élever un mouton plus capable de prendre la viande
et la graisse, et possédant en plus grand nombre les qualités
essentielles requises dans un animal qui n'est pas obligé
d'aller chercher sa nourriture au loin.

Sous le rapport de la taille, le mérinos américain n'a pas fait de grands progrès depuis vingt ans, et probablement aucun depuis 1861. Nos éleveurs n'ont, du reste, pas recherché d'accroissement de taille, parce qu'ils le considèrent comme inutile au point de vue de la production de laine, d'autant plus que les animaux plus petits ont plus de surface proportionnellement à leur poids que les animaux plus grands ; ils croient également qu'en dépassant les limites de conformation de la race telles qu'elles sont établies depuis longtemps ils diminueraient la vigueur, la rusticité et la facilité d'entretien. Dans mon opinion, l'introduction des mérinos français (1840-1850) n'a pas été sans exercer beaucoup d'influence sur le goût et sur l'opinion publique à cet égard. Ces animaux, de taille exagérée, tant admirés au commencement, se montrèrent si faibles et de si peu de valeur par la suite, que nos éleveurs éloignèrent avec soin tout ce qui leur ressemblait. On se persuada que leur insuffisance constitutionnelle était due à leur taille, véritablement extraordinaire pour des mérinos, ou aux causes qui ont produit cette taille.

Je ne prétends pas appliquer ces observations indistinctement à tous les mérinos de France. Le type importé en 1840 par M. D. C. Collins, provenant du troupeau royal de Rambouillet, n'avait pas cette taille excessive. Cependant, comme il était plus grand que le type américain, cette circonstance, la nouveauté de son aspect excitèrent l'admiration générale. Il y eut alors un mouvement singulier en faveur des animaux de grande taille, et les importateurs qui succédèrent à M. Collins, non-seulement achetèrent les troupeaux représentant le type français le plus grand, mais encore, dans ces troupeaux, choisirent les individus les plus gigantesques. Ces moutons décharnés périrent généralement au bout d'un à deux ans de séjour en Amérique.

La famille Rich ou Paular des mérinos américains, quand elle n'est pas alliée aux mérinos de Humphreys ou de l'Infantado, est plus petite que ces derniers. Elle a été maintenue dans ses dimensions par les propriétaires, qui cherchaient à l'adapter au régime expéditif des collines du Vermont. Dans son état de nature, elle résiste presque aussi bien que les races ovines montagnardes d'Angleterre aux privations et aux éléments. L'infantado américain, endurci à l'air libre, est aussi très-rustique, mais il lui faut plus de nourriture qu'au paular. On peut dire qu'entre ces deux familles il y a des différences analogues à celles qui distinguent les devons des durhams. L'une réussit mieux dans les localités stériles à climat rude, l'autre a besoin de terres fertiles et d'un régime généreux. Dans ces derniers temps les paulars ont été croisés et élevés avec tendance prononcée vers le type infantado ; mais je crois qu'il serait prudent de les conserver à l'état pur de variété distincte, afin de répondre aux besoins de plusieurs régions pastorales du pays.

Quoique très-améliorés aux États-Unis au point de vue de la conformation, ce qui a fait diminuer leurs capacités de locomotion prolongée et rapide, je ne m'aperçois pas que les animaux vivant au grand air chez nous aient rien perdu des propriétés caractéristiques qui constituent leur valeur. Mes propres souvenirs des premiers mérinos américains, alors qu'ils étaient très-peu différents des modèles originaux d'Espagne, les souvenirs plus anciens d'hommes expérimentés et dignes de confiance avec lesquels j'en ai parlé il y a bien des années, et dont plusieurs pouvaient se rappeler les animaux importés en 1809-1811 ; ces souvenirs, dis-je, s'accordent à reconnaître qu'à tout prendre la constitution des mérinos américains a plutôt gagné en vigueur, qu'ils sont plus prolifiques, que les brebis sont meilleures laitières, que tous s'engraissent mieux et plus vite, et que leur viande est meilleure. Ils accumulent, il est vrai, beaucoup moins de graisse que les races de boucherie anglaises ; néanmoins le bon mouton mérinos est recherché sur nos marchés. Leur chair est plus foncée, plus fine de grain que la chair des moutons anglais, et son arome ou fumet est très-bon. Un grand nombre d'Américains les préfèrent au mouton anglais, au mouton à grande laine surtout. Les agneaux issus de béliers southdowns et de brebis métis mérinos se vendent, sur nos marchés, aussi cher, poids pour poids, que le south-down pur sang, la seule variété peut-être qui commande habituellement des prix extra. On a même trouvé qu'une nourriture abondante dès la naissance, comme celle que l'on peut donner aux moutons de boucherie, donne au mérinos une bonne part de précocité d'engraissement, ce qui lui avait été refusé par ceux qui les premiers ont décrit cette race. Cela ne veut pas dire que le mérinos américain amélioré puisse rivaliser avec les races anglaises comme bête de boucherie profitable; tout ce qu'on veut faire remarquer, c'est que, sous le rapport de la boucherie, le mérinos actuel s'est élevé au-dessus du rang inférieur auquel il était tradi-tionnellement condamné, et que sa viande est devenue un facteur important pour estimer sa valeur générale, ou pour évaluer sa faculté comparative d'adaptation à des localités spéciales.

Mais c'est principalement dans le poids de la toison que le mérinos américain a dépassé ses ancêtres. Nous avons vu qu'en 1844-45 quelques petits lots de choix avaient donné un rendement moyen de plus de 5 livres de laine lavée par tête. Aujourd'hui des troupeaux de plusieurs centaines d'ani-maux, exclusivement composés de brebis et d'antenais, sans moutons, et avec un pour cent de béliers seulement, donnent un rendement égal. Les troupeaux de bêtes ovines, de choix, rendent 6 livres par tête, et les petits lots entretenus à part, 1 ou 2 livres en plus, le tout de laine lavée.

Par les raisons que nous allons donner, il est assez diffi-cile de savoir, au juste, quel est le poids de laine bien lavée que rendent les petits troupeaux réputés pour la pesanteur extraordinaire de leurs toisons. Ces petits troupeaux sont ordinairement entre les mains d'*éleveurs*, — de *marchands de béliers*, comme on les appelle en Angleterre, qui élèvent des bêtes ovines de choix en vue de la reproduction, et qui en font l'objet d'un commerce lucratif. Pendant un grand nombre d'années, ce genre d'affaires a été très-avantageux, surtout pendant la dernière guerre civile des Etats-Unis, où

la demande des mérinos purs devint une véritable manie.
On croyait alors que c'en était fait du roi coton, et qu'il n'y
aurait jamais de résurrection pour lui. Les étoffes de laine
devaient à tout jamais remplacer les étoffes de coton pour
le vêtement, et pour tous les objets où la laine pouvait se
substituer au textile végétal. On supposait qu'on allait demander partout, et à prix fous, de la laine d'une manière
durable; stimulés par cette perspective dorée, les déten-
teurs de bêtes ovines augmentèrent leurs troupeaux, et
firent les efforts les plus énergiques pour les améliorer en
achetant des béliers de distinction. Des milliers de personnes, entièrement dépourvues d'expérience et de compé-
tence dans la partie, abandonnèrent leurs professions pour
s'embarquer pour le nouvel El-Dorado. Je crois pouvoir dire,
sous toutes réserves, qu'entre 1861 et 1867 j'ai bien reçu
2,000 ou 3,000 lettres d'avocats, de médecins, de petits
marchands, de commis, de mécaniciens, d'hommes retirés
des affaires, de prêtres, de cultivateurs, qui ne connaissaient
rien de l'élève du mouton; dans toutes on me demandait
des renseignements sur les races ovines, sur les localités les
plus favorables à la production de la laine, et sur d'autres
questions concernant l'organisation des troupeaux.

Les prix des bêtes à laine s'élevèrent au-dessus des
maxima de 1809-15 et de 1824-28. En négligeant de parler
des *offres refusées* qui, parfois, ne sont pas très-sérieuses, j'ai
su qu'un bélier mérinos américain s'est vendu 25,000 fr. ;
un grand nombre d'autres ont atteint 15 et 20,000 fr. ;
une foule d'autres, de 2,500 à 5,000 fr. Plusieurs brebis
ont été achetées 15,000 fr. chaque, beaucoup 10,000 fr.,
et le reste de 2,500 à 5,000 fr. par tête. On se disputait les
animaux les plus célèbres et les plus précieux, car chaque
acheteur se flattait de devenir, sans désemparer, un *marchand de béliers*, et se persuadait que, par des reventes heureuses, non-seulement il rentrerait dans ses premiers dé-
boursés, mais que, par un procédé plus facile que celui
qu'avaient rêvé les alchimistes, il transformerait ses moutons

en or. Dans l'amélioration suivie des troupeaux, les animaux précieux s'acquittaient richement de leur dette ; mais
un grand nombre des nouveaux aventuriers dans la partie
ne se contentaient pas de cela, ils voulaient revendre aussi
cher qu'ils avaient payé. Mais quand, à la fin dé la guerre
de sécession, une dépression se fit sentir sur les lainages,
et, conséquemment, sur les marchés de laine, tout ce
monde fut aussi empressé à abandonner l'élève du mouton
qu'il s'était empressé à vouloir en faire.

Cette période remarquable dans l'élève du mérinos, com-
mencée par des mesures rationnelles d'amélioration, se
surexcitant pendant la guerre au point que je viens de dire,
développa plusieurs nouvelles manières d'élever et de
traiter les bêtes à laine qui étaient inconnues auparavant.
On visait peu à la qualité de la laine. On demandait, par-
dessus tout, du poids dans la toison, et certains *éleveurs*
adoptèrent la coutume de peser les toisons en suint, pen-
sant, je suppose, y gagner quelque chose sur les autres.
Les bêtes à laine furent soumises à un système rigide de
réclusion, afin de les préserver, pendant toute l'année, du
contact de la pluie ou de la neige et, par là de conserver
tout le suint dans la toison, ce qui ajoutait plusieurs livres
au poids de ces dernières. Les propriétaires de grands troupeaux ne pouvaient suivre ces procédés sans grands inconvénients et sans grandes dépenses. Cela permit aux nova-
teurs de constater, par les journaux, qu'ils produisaient des
toisons de poids exceptionnellement élevés.

Une chose poussant l'autre, on s'aperçut bientôt que le
système de réclusion et la conservation du suint dans la
laine donnaient extérieurement à la toison une couleur noi-
râtre, et dès lors on mit en avant que cette couleur était un
signe de beauté. Et, comme plus il y avait de suint, plus la
toison devenait lourde et noire, on en conclut qu'il fallait apporter autant de soins à produire le suint que la
laine. Cette mode alla si loin, que j'ai vu, sous un soleil ar-
dent, le suint sortir par grosses gouttes de la toison.

On sait qu'un animal fortement nourri produit considérablement plus de laine et de suint qu'un animal nourri
modérément. Cette circonstance donna lieu à l'introduction
d'un régime alimentaire surabondant, qui fut adopté chez
beaucoup d'éleveurs. Un grand nombre de troupeaux, renfermés en été et en hiver à la bergerie, furent nourris avec
du grain jusqu'à la dernière limite du possible, au risque de
les tuer ; car un pareil système forcé altère la constitution
et diminue la longévité des bêtes ovines, comme en peuvent
témoigner tous ceux qui ont observé ou expérimenté ses
effets.

Avec un pareil élevage et un semblable traitement, même
quelquefois sans nourriture forcée, on a vu des toisons en
suint de béliers mérinos peser assez fréquemment plus de
25 livres, et quelques-unes atteindre 30 livres. Les toisons
de brebis variaient entre 10 et 15 livres. Malheureusement,
ces poids ne permettent point de juger, même approximativement, le poids actuel de la laine, parce que la proportion du suint à la laine n'est pas constante. Ce sont ces
procédés d'élevage qui constituent les raisons, promises
plus haut, qui empêchent de déterminer le montant de
laine lavée dans la plupart des troupeaux produisant les plus
lourdes toisons.

La pratique d'abriter les bêtes ovines contre la pluie et la
neige, en vue des choses dont on vient de parler, ne constitue pas une fraude, si elle est franchement avouée aux
acheteurs ; mais je la tiens pour peu avantageuse et pour
très-nuisible. D'un côté, elle fait perdre beaucoup de temps,
et de l'autre elle entraîne des pertes dans certains cas. On
préfère laisser le foin et le grain se détériorer sous la pluie
plutôt que de les faire consommer aussitôt après avoir été
coupés, parce que l'on craint le contact de l'eau avec la toison ce qui la délaverait et lui ferait perdre le suint précieux
qui donne poids et couleur. D'ailleurs, il ne me paraît guère
douteux que des animaux, toujours préservés artificiellement
contre les intempéries, ne finissent pas par perdre toute
capacité d'y résister impunément. En outre, bien que ce sys-

tème de réclusion soit franchement avoué à l'acheteur, le jugement de celui-ci, surtout s'il est inexpérimenté, n'en est pas moins dérouté. Il faut donc qu'il y ait là dedans quelque intention de frauder, de donner une valeur fictive à l'animal, afin de le rendre plus vendable qu'un animal de valeur égale, mais non traité selon ce procédé ; autrement, à quoi serviraient toutes ces peines ? Il est notoire que ce traitement, aidé de la tonte précoce, altère l'apparence des moutons à un tel point, qu'une paire de jumeaux, de la plus parfaite ressemblance à l'origine, dont l'un sera traité ainsi et l'autre non, n'auront presque plus l'air d'appartenir à la même variété, et que celui qui aura été *mis en état* se vendra infiniment mieux que l'autre. Tout cela est profondément regrettable, car c'est ainsi qu'on s'habitue peu à peu à frauder directement. Déjà on en trouve la preuve dans la vente de milliers de moutons *peints*, c'est-à-dire artificiellement colorés avec une préparation d'huile, de terre brûlée et d'un peu de noir de fumée, avec des généalogies aussi artificielles que leur couleur, que l'on fait passer comme étant de race pure.

Mettre en état les bêtes à laine pour la vente, au moyen du régime forcé, est un acte frauduleux au premier chef, car il n'est jamais ni avoué ni admis. Quand même il le serait, quelle excuse décente ou honnête pourrait-on donner pour une pratique qui est positivement fatale au bien-être de l'animal ? Nous n'avons aucun droit d'empoisonner ce que nous vendons, parce que nous savons qu'il existe des fous capables de l'acheter, et de l'acheter d'autant plus avidement que la chose est empoisonnée.

Les efforts peu judicieux en vue d'obtenir des toisons énormes ont entraîné encore un résultat, celui de déprécier la qualité de la laine. Les toisons les plus fines ne sont généralement pas les plus pesantes. Aussi n'a-t-on recherché que la plus forte dose de suint et de laine quelconque, sans se soucier si celle-ci était grossière, inégale et même jarreuse. Les béliers qui ont eu des toisons de ce genre ont nécessairement dû transmettre leurs défectuosités à leur progéniture.

Il me reste à parler d'une autre manie moderne, celle de cultiver ces énormes rides de la peau, vulgairement appelées *plis*. Ces plis caractérisaient jusqu'à un certain point le mérinos espagnol primitif introduit en Amérique; mais ils étaient limités au cou. On les admet, dans une mesure modérée, dans tous les pays où l'on élève la race mérinos, parce qu'ils sont censés annoncer de la pesanteur dans la toison. Mais nos entrepreneurs exagérés se dirent que, puisque quelques plis étaient un bon signe, un plus grand nombre de plis seraient un signe meilleur; ils avaient vu, d'ailleurs, que ces plis éblouissaient les novices. Bien que nos éleveurs les plus sagaces aient résisté à cette innovation, il n'est pas rare maintenant de voir des béliers, et même des brebis, outre les énormes plis du cou, être couverts de bourrelets de la tête à la queue, élevés d'un pouce et plus au-dessus de la surface du corps. Cette particularité de la peau a deux inconvénients : d'abord, la laine qui garnit le sommet des bourrelets correspond très-rarement à celle qui pousse dans les plissures, ce qui détruit l'égalité de la toison; ensuite, pour enlever avec égalité la toison sur une seule bête, il faut souvent deux heures au tondeur le plus expert, ce qui n'est pas sans importance quand il faut payer de 10 fr. à 12 fr. 50 par jour à un tondeur, ce qui arrive fréquemment.

Malgré toutes ces manœuvres et ces tromperies, et les autres pratiques moins blâmables employées par une classe de marchands de mérinos américains qui visent à de grosses toisons non lavées, il s'est réalisé, dans ces dernières années, une grande amélioration dans les toisons lavées ou dégraissées sous le rapport du poids. Il est peu probable qu'aucune autre famille nationale de mérinos, ou aucune autre race ovine quelconque, puisse lutter avec nous sous ce rapport. Ce fait a été établi par les épreuves de dégraissage fréquentes exécutées pendant les quelques dernières années, par les associations diverses de producteurs de laine et par quelques particuliers. Dans toutes ces épreuves, les animaux soumis à l'expérience ont été tondus publiquement, en présence des membres réunis de l'association ou en présence d'un certain nombre de témoins honorables. Là où l'épreuve avait en vue la proportion de la laine au poids de l'animal, celui-ci a été publiquement pesé après avoir été tondu, et la condition où il se trouvait a été notée. Pour le dégraissage, les associations se sont adressées à des manufacturiers compétents et dignes de confiance, qui ont fourni les renseignements demandés sur les procédés suivis et sur les résultats. Ainsi procéda l'association de l'État de New-York dans ses épreuves de dégraissage de laine en **1865, 1866** et **1867**; ainsi procédèrent également plusieurs autres associations d'États et de comtés d'Amérique. Toutes les précautions imaginables ont donc été prises pour que ces expériences fussent sérieuses.

Or ces expériences ont démontré que des toisons *dégraissées* de béliers mérinos américains parvenus à leur maturité pèsent assez fréquemment de 6 à 8 livres et au delà. Dans une occasion récente, une toison de 11 mois 21 jours a pesé 9 livres 3 onces. Le bélier avait trois ans, pesait 108 livres après la tonte, et se trouvait en bon état. Sa toison, non lavée, avait pesé 24 livres. Quant aux brebis mérinos américaines en plein développement, leurs toisons *dégraissées* oscillent entre 5 et 5 livres et demie; pesées après la tonte, le poids des bêtes était de 65 à 75 livres. Remarquons que, dans ces essais de dégraissage, les animaux à toisons lourdes appartenant aux plus célèbres troupeaux ont rarement concouru, sans doute parce que leurs propriétaires n'avaient nulle envie de risquer leur réputation établie dans des expériences nouvelles ou qui leur semblaient inutiles.

De tous les faits qui précèdent, il résulte :

1° Que les mérinos américains de première classe ónt produit, en 1844-46, plus de laine *lavée* que ne produisait de *laine en suint* le type originaire en Espagne, au temps de sa splendeur, c'est-à-dire au commencement du siècle;

2° Que les mérinos américains de première classe produisent aujourd'hui autant de laine *dégraissée* qu'ils produisaient de laine *lavée* en 1844-46, et deux fois autant de laine dégraissée que le troupeau de mérinos triés du roi de la Grande-Bretagne de 1798 à 1802.

Il nous reste à parler des qualités de la laine américaine. D'après les meilleures informations que j'aie pu recueillir, la laine des descendants des moutons espagnols, originairement importés en Amérique, aurait plutôt gagné en qualité entre 1809 et 1824. Cela est hors de doute pour les familles Jarvis et Humphreys. On doit même ajouter que les progrès dans cette direction furent encore plus marqués de 1824 à 1846, à cause du goût pour les laines fines que les mérinos saxons avaient fortifié. Mais, après 1846, la demande pour les laines de draperies de luxe cessèrent, et nos éleveurs de mérinos recherchèrent plutôt un brin plus gros et une mèche plus longue, parce qu'ils s'adaptaient mieux aux tissus employés depuis lors, et qu'ils en obtenaient des toisons plus lourdes. Aujourd'hui, nos laines ont la mèche remarquablement longue, et on les trouve admirablement propres au peigne et à ces tissus moyens si largement consommés aux Etats-Unis.

En ce qui concerne les propriétés particulières de nos laines de mérinos américains pur sang et métis, le comité exécutif de l'association nationale des fabricants de laine, comité composé des manufacturiers les plus éminents et les mieux posés commercialement des Etats-Unis, a déclaré ce qui suit en 1866, dans un rapport rendu public :

« Dans une catégorie d'étoffes, entrant peut-être plus lar-
« gement que toute autre dans la consommation générale,
« — celle des flanelles, — l'adaptation des laines ordi-
« naires de ce pays, leur force et leurs qualités pour la fila-
« ture sont si remarquables, qu'elles permettent de se passer
« presque entièrement des flanelles de l'étranger. Les casi-
« mirs de fantaisie d'Amérique peuvent se comparer favo-
« rablement avec les casimirs importés, au point de vue du

« fini, de la finesse et de la force. Nos tissus de laine fa-
« çonnés, grâce à l'excellence, dans une grande mesure,
« de nos laines de peigne, surpassent les tissus de Bradford
« à prix égal. Les châles américains ont été hautement ap-
« préciés à la grande Exposition de Londres (1862). » Plus
« loin, ils ajoutent : « Toutes les nations savent par expé-
« rience que la production indigène de la laine a toujours
« été le premier et principal appui des manufactures, et
« que ses caractères particuliers se sont toujours imposés
« aux tissus fabriqués dans chaque pays. Ainsi, dans les
« laines fines de la Saxe et de la Silésie, nous voyons la
« source des draps unis d'Allemagne; dans les laines de peigne
« d'Angleterre, celle des tissus mélangés de Bradford; et
« dans les laines longues des mérinos de France, l'origine
« de ses thibets et de ses cachemires. De même, les qualités
« particulières des laines américaines ont donné naissance à
« nos flanelles, à nos casimirs, à nos châles et à nos tissus
« de fantaisie; ces mêmes laines communiquent de la force
« et de la solidité à tous les tissus dans lesquels on les fait
« entrer. »

Un besoin récent, qui tend à prendre consistance, de laines convenables à la draperie et à quelques autres étoffes fines a déterminé récemment une nouvelle importation de mérinos de la Silésie prussienne. Ces animaux, à mèche plus courte et plus fine, sont infiniment supérieurs à nos anciens saxons, tant pour la taille et la constitution que pour le produit en laine. Il existe également de soi-disant moutons saxons de pur sang mérinos, dans l'ouest de la Pensylvanie, dans l'est de l'Ohio, et dans la partie de la Virginie occidentale enclavée entre ces deux Etats, qui fournissent une très-bonne qualité de laine pour la draperie. Eux, aussi, sont plus grands, plus rustiques, et rendent plus de laine que les saxons importés en 1824-28. Mais l'objet de ce travail ne nous permet pas d'entrer dans une description de ces familles ovines.

Cortland-Village (État de New-York), en juillet 1868.

ANNEXE B.

LA CHÈVRE D'ANGORA,

SON ORIGINE, SON ÉDUCATION ET SES PRODUITS,

PAR JOHN L. HAYES,

secrétaire de l'Association nationale des manufacturiers de lainages.

Le Jardin des Plantes, prototype et modèle de nos sociétés d'histoire naturelle, a donné au monde non-seulement *Buffon* et *Cuvier*, qui, par leurs brillants travaux, ont conquis, pour les naturalistes, une place dans le domaine de la science, où avant eux on n'admettait que les études sur les éléments impondérables, mais encore il a fait connaître deux autres naturalistes à peine moins illustres, dont les recherches étaient inspirées par le désir d'appliquer leur science favorite à l'accroissement des ressources matérielles de l'homme. C'est à cette idée que la France doit le mouton mérinos, dont elle fut dotée par *Daubenton*, et la Société d'acclimatation, création de Geoffroy Saint-Hilaire, qui a pour objet de soumettre à une étude expérimentale et pratique tous les animaux susceptibles d'élargir la zone géographique de la France. Dans la confiance où je suis que l'on accueillera ici la discussion d'un sujet qui se rapproche de ceux qui ont fixé l'attention des grands naturalistes pratiques français, je me propose de traiter de la chèvre d'Angora, la plus récente acquisition que notre agriculture et nos manufactures aient empruntée au règne animal.

Quand on songe que, des nombreuses espèces qui constituent le règne animal, il n'y en a que quarante-trois qui
obéissent à l'homme, et que les seuls animaux lanifères ré-
pandus en Amérique, outre la nourriture, nous ont encore
fourni, en une seule année, 70 pour 100 de matière première pour des produits fabriqués évalués à plus de 600 millions, nous arriverons sans peine à envisager l'acquisition
d'un nouvel animal produisant à la fois de la nourriture et
de la matière pour le vêtement, comme faisant époque
dans l'histoire économique de notre pays.

Mon but étant moins de présenter une œuvre originale
que de propager les informations les plus authentiques, rec-
tifiées par la critique, ou sanctionnées par l'approbation des
personnes compétentes, ce qui est devenu indispensable à
cause des erreurs qui abondent dans les rapports et dans les
publications agricoles, je m'appuierai sur les Mémoires de
MM. *Brandt, Tchihatcheff, Sacc* et *Boulier,* tous naturalistes de grande réputation, et sur les très-nombreuses notices disséminées dans les *Bulletins de la Société d'acclimatation.* Par là j'ai l'espoir d'arriver à jeter une plus grande
lumière sur le berceau spécifique et géographique de la
chèvre d'Angora, sur ses mœurs, sa manière de se nourrir,
sur ses maladies, sur l'emploi de ses produits, et, par-dessus tout, sur les lois qui gouvernent sa reproduction. En un
mot, je réussirai peut-être à faire, sur ce sujet, de l'histoire
naturelle *appliquée.*

La description de la chèvre d'Angora, donnée, en 1855,
par M. Brandt, directeur du Muséum, à Saint-Pétersbourg,
distingué parmi les zoologistes d'Europe par ses travaux
consciencieux et par son profond savoir, est faite dans les
termes suivants :

« Le magnifique exemplaire de la chèvre d'Angora, que le
« Muséum de l'Académie impériale des sciences doit à la
« libéralité de M. Tchihatcheff, produit, au premier coup
« d'œil, l'impression générale d'une chèvre domestique,
« lorsqu'on ne s'arrête point à sa toison épaisse et soyeuse,

« à ses oreilles plates tournées en dehors, et à sa taille peu
« considérable. Or ce sont précisément ces traits qui im-
« priment à l'animal un cachet saillant qui lui donne le ca-
« ractère d'une race particulière, dont l'origine n'est peut-
« être pas la même que celle de la chèvre domestique.
« L'extrémité du museau, les joues, l'os nasal, l'os frontal,
« ainsi que les oreilles et la partie inférieure des jambes,
« depuis l'articulation tarsale, sont revêtus de poils externes,
« plus courts et plus roides que ceux qui couvrent les parties
« sus-mentionnées chez les autres espèces de chèvres. Le
« front porte des poils tendres, moins longs, moins appli-
« qués à la peau, et en partie frisés. Le poil de la barbe, qui
« est pointue et d'une dimension modérée, ayant 6 pouces
« de longueur, est plus roide que le poil du reste du corps,
« mais il l'est cependant moins que celui de la barbe de la
« chèvre ordinaire. Les cornes, à teinte blanc grisâtre, sont
« plus longues que la tête ; à leur partie inférieure, le bord
« marginal tourne en dedans, de manière que, dans cette
« partie, elles paraissent larges, vues par devant et par der-
« rière, et étroites vues extérieurement. A la moitié de leur
« extension, elles se dirigent modérément en arrière et
« tournent spiralement en dehors, de sorte que les extré-
« mités, dirigées légèrement en haut, se trouvent très-
« éloignées les unes des autres et circonscrivent un espace
« qui va en se rétrécissant. Tout le cou, ainsi que le tronc,
« est revêtu de longs poils qui, particulièrement sur le cou
« et sur les parties latérales du corps, sont tordus en spirale,
« ce qui leur donne l'apparence de boucles relâchées, vu
« qu'en même temps ils se réunissent en touffes enroulées,
« disposition qui est cependant moins prononcée dans la
« partie antérieure du cou. Les poils qui présentent le plus
« de longueur sont situés au-dessus des jambes de devant ;
« ils ont presque 9 pouces 1/2. Ceux du cou sont un peu
« plus courts et ont 9 pouces, et ceux du ventre 8 pouces
« 3 lignes. La longueur du poil dont sont revêtues les par-
« ties latérales du corps, ainsi que le dos, n'est que de

« 7 pouces 6 lignes, et celle du poil des jambes de derrière
« 6 à 7 pouces. Enfin le poil, un peu roide, de la queue a
« environ 4 pouces de longueur. La teinte de la robe de
« l'animal est un blanc pur, çà et là tirant légèrement sur
« le jaunâtre. Les sabots, proportionnellement un peu petits,
« sont, comme les cornes, d'un blanc grisâtre. Le poil est,
« sans exception, très-doux et mince ; il est, au contact, tout
« à la fois soyeux et un peu gras, et offre distinctement le
« brillant de la soie. »

M. Brandt observe que les poils qui correspondent le plus
au poil externe ont seulement le tiers, ou tout au plus n'atteignent pas la moitié de la grosseur du poil externe de la
chèvre commune, et que le poil externe des chèvres sauvages et domestiques n'est pas seulement plus serré, plus
roide, plus massif, mais qu'il a aussi une torsion plus considérable et une surface moins unie, c'est-à-dire plus rabo-
teuse et plus écailleuse. Il a également remarqué que « les
« parois du poil de la chèvre d'Angora étant plus minces que
« celles du poil de la chèvre commune, la substance contenue
« dans leurs cellules graisseuses suinte plus aisément au
« dehors, ce qui rend le poil de la chèvre d'Angora plus
« doux, plus flexible, et lui donne le brillant de la soie. »

M. Brandt omet de mentionner que les boucles allongées
couvrent le poil proprement dit, qui est rude, court et très-
clair-semé sur la peau.

Voici les dimensions du spécimen étudié par M. Brandt :

	Pieds.	Pouces.	Lignes.
Depuis la pointe du museau jusqu'à la racine de la queue..	4	4	2
Longueur de la tête.	0	11	9
Depuis la pointe du museau jusqu'à l'œil.	0	5	1
Depuis l'œil jusqu'à l'oreille..	0	2	5
Depuis l'œil jusqu'à la corne.	0	1	9
Longueur de l'oreille.	0	6	0
Longueur des cornes en diamètre droit.	1	2	2
Longueur des cornes suivant leur courbure.	1	6	6
Distance entre les cornes prises à leur racine.	0	2	1
Distance entre leurs pointes terminales.	1	9	9

Largeur des cornes à leur racine.	0	2	1
Largeur des cornes à leur extrémité.	0	0	5
Longueur de la queue, y compris les poils. .	0	7	9
Hauteur de la partie antérieure du corps. . .	2	2	4
Hauteur de la partie postérieure du corps. . .	2	2	2

Une question intéressante au premier chef et en même temps éminemment pratique, puisqu'elle a trait aux lois qui gouvernent la reproduction de l'animal et qu'elle marque les rapports de la science pure avec les fins utilitaires, c'est la détermination de la source spécifique de la chèvre d'Angora.

Généralement, l'origine de cette espèce est fondée sur l'autorité de Cuvier, qui ne mentionne que trois espèces du genre *Capra* : *Capra œgagrus*, *Capra ibex*, *Capra caucasica*. « La *Capra œgagrus*, dit-il, paraît être la souche de toutes les variétés de la chèvre domestique. » Il ajoute qu'elles varient à l'infini comme taille, comme couleur, comme longueur et finesse du poil, par le volume et même par le nombre des cornes. De toutes ces variétés, la chèvre d'Angora de la Cappadoce est celle qui a le poil le plus long et le plus soyeux.

Les recherches les plus récentes des zoologistes ont considérablement augmenté la connaissance de ce genre. Au lieu de trois espèces, on a maintenant reconnu neuf espèces de chèvres sauvages, que l'on a divisées en deux groupes, ayant pour base la forme des cornes :

1er Groupe. Cornes plates, en avant, ayant la coupe horizontale triangulaire, et garnies de nœuds transversaux.	Capra ibex (bouquetin des Alpes). Capra hispanica (bouquetin d'Espagne). Capra pyrenaica (bouquetin des Pyrénées). Capra caucasica (bouquetin du Caucase). Capra sibirica (bouquetin de Sibérie). Capra walie (bouquetin walie). Capra beden (bouquetin beden).
2e Groupe. Cornes comprimées et carénées en avant.	Capra Falconeri (chèvre de Falconer). Capra œgagrus (bouquetin égagre).

Le bouquetin des montagnes rocheuses, que M. Baird avait nommé *Capra americana*, vient d'être séparé du genre

Capra par le savant professeur qui l'y avait placé d'abord. Dans sa description de l'*Apocerus montanus*, contenue dans sa *Zoologie des voies ferrées du Pacifique*, il s'exprime en ces termes : « Les dessins et les descriptions du crâne et « des autres parties du squelette de cette espèce par le « Dr Richardson nous montrent avec évidence que les affi-« nités de cet animal sont plus grandes avec les antilopes « qu'avec les chèvres ou les moutons. En fait, aucun des « auteurs modernes ne le place dans le genre *Capra*, ou « même dans le groupe mouton. La ressemblance extérieure « avec la chèvre n'a pas grande importance ; du reste, la « forme du corps a plutôt de l'analogie avec celle d'une bête « ovine mérinos. Ses poils de dessous, doux et d'un blanc « d'argent, diffèrent beaucoup des poils de la chèvre ; il en « est de même des cornes, qui sont d'un noir de jais, sans « sillons, à surface lisse et très-polie vers les extrémités. »

D'après les dernières recherches, les animaux que G. Cuvier et F. Cuvier ont représentés comme le type de la *Capra œgagrus* ou *Paseng,* et que l'on prétend rencontrer dans les Alpes en même temps qu'en Perse, ne seraient autres que des chèvres domestiques revenues à l'état sau-vage. Ces recherches ont établi la véritable caractéristique du *Capra œgagrus,* espèce créée par Pallas avec un crâne rap-porté par Gmelin le jeune des montagnes de l'Asie Mineure, et suivant lesquelles les naturalistes qui ont donné cette espèce comme souche de la chèvre domestique ont avancé une assertion dénuée de preuves. La comparaison, par M. Brandt, en 1848, des crânes rapportés du Taurus en Cappadoce par M. Tchihatcheff avec celui qui a servi à Pallas pour fixer le type de l'espèce en question, lui a servi à démontrer positivement la dérivation de notre chèvre do-mestique de la *Capra œgagrus*. En effet, M. Brandt affirme que de son travail il résulte que cette espèce « est incontes-« tablement et exclusivement la souche de la chèvre domes-« tique d'Europe. Voici les arguments qui servent de base à « cette assertion :

« 1° La *Capra ægagrus* possède toutes les formes exté-
« rieures et toutes les proportions de la chèvre domestique.

« 2° Elle la rappelle beaucoup dans la répartition, tant
« générale que locale, des teintes.

« 3° Elle s'en rapproche plus que toute autre espèce de
« chèvre par la configuration des cornes, configuration qui
« joue un rôle si important dans la caractéristique des espèces
« sauvages.

« 4° Elle présente la même concordance avec la chèvre
« domestique sous le rapport du crâne. Enfin elle se trouve
« dans les montagnes des contrées (et nommément la Méso-
« potamie) habitées par les peuples antiques (Israélites, As-
« syriens, etc.), qui nous ont fourni les renseignements les
« plus anciens sur l'élève de la chèvre, ainsi que cela résulte
« des saintes Ecritures et de plusieurs autres monuments. »

L'établissement de l'identité parfaite de la chèvre domestique avec une espèce sauvage est un argument négatif très-
puissant qui montre l'impossibilité d'une origine commune
avec un animal aussi différent que la chèvre d'Angora. Un
argument positif d'un grand poids est donné, d'un autre
côté, par l'observation récente que la chèvre d'Angora a les
plus grandes analogies avec une autre espèce sauvage nou-
vellement découverte. Cette dernière, la *Capra Falconeri*,
se trouve dans le petit Thibet, ainsi que dans les plus hautes
montagnes placées entre l'Indus, le Budukshan et l'Indu-
Kusch. Elle ressemble au bouc domestique, dont elle ne
diffère principalement que par ses magnifiques cornes, qui,
rapprochées à leur base, s'arquent d'abord en arrière, puis
se tournent en spirale en dedans et derechef en dehors.
Elles sont fortement comprimées, triangulaires et dépourvues de nœuds ; leur face interne, d'abord plane, s'arrondit
plus haut, tandis que leur face externe est partout convexe.
Bien qu'il ne paraisse pas y avoir, dans cette espèce sauvage,
un développement de toison comparable à celui de la chèvre
d'Angora, M. *Sacc*, professeur à la Faculté des sciences de
Neufchâtel, qui a fait une étude spéciale des chèvres, n'hé-

site pas à déclarer que « tous ses caractères semblent indi-
« quer qu'elle est le souche de la belle et précieuse chèvre
« d'Angora, dont les cornes sont contournées en spirale
« comme celles de la chèvre de Falconer. » M. Brandt laisse
entendre que la domestication d'espèces sauvages autres que
la *Capra œgagrus* et probablement que la *Capra Falconeri*
a produit la chèvre d'Angora. Geoffroy Saint-Hilaire, notre
plus grande autorité en matière d'origine des animaux
domestiques, se rallie sans contradiction aux opinions de
M. Sacc et de M. Brandt, en disant : « Il (M. Brandt) est
« conduit à considérer spécialement la chèvre d'Angora, que
« Pallas suppose être le produit d'un croisement de la chèvre
« et du mouton, comme dérivant de la *Capra Falconeri*.
« Cette opinion est également admise par notre savant con-
« frère M. Sacc. »

L'hypothèse que la chèvre d'Angora descend de la chèvre
de Falconer est rendue probable par la diminution de la
première autour des montagnes du Thibet, où la chèvre de
Falconer abonde, et même au delà des plaines centrales de
l'Asie, depuis l'Arménie jusqu'à la Tartarie chinoise, où sa
laine sert à fabriquer des étoffes, ou est exportée à l'état brut
par le port de Shangaï. On a vu de la laine d'Angora, ou
mohair, exhibée à l'Exposition universelle de Londres de
1862, parmi les produits russes ; on la disait provenant du
pays des Kalmouks du Don, situé entre les mers Noire et
Caspienne. Ainsi, cette espèce est répandue, quoique modérément, sur toute la surface de l'Asie.

En voyant la chèvre en question actuellement plus abondante dans la contrée d'Angora en Asie Mineure, près de
l'habitat de la *Capra œgagrus*, et à plusieurs milliers de
kilomètres du Thibet, on pourrait croire difficilement à sa
dérivation des espèces thibétaines. Mais le savant mémoire
du voyageur russe, M. Tchihatcheff, établit d'une façon
péremptoire que l'introduction de la chèvre d'Angora
en Asie Mineure est relativement récente. Il a montré
que, parmi les contrées de l'antiquité classique, il n'en

est point que les écrivains anciens aient mentionnée plus souvent et sous des rapports plus variés que l'Asie Mineure, parce que cette région a été non-seulement un des premiers foyers de la civilisation grecque, mais aussi la patrie d'un grand nombre des écrivains les plus célèbres de l'antiquité, comme Hérodote, Homère, Strabon, Denys d'Halicarnasse, Galien, etc. Il en résulte que, pour tout ce qui concerne l'histoire naturelle de l'Asie Mineure, leurs écrits ont un intérêt particulier, et que leur silence même a la valeur d'un argument négatif. Lorsque nous remontons au monument historique le plus ancien et le plus vénérable, la Bible, nous y voyons mentionnée la chèvre au nombre des animaux domestiques qui constituaient la richesse des premiers patriarches. Toutefois, rien ne s'y trouve qui puisse faire supposer qu'il s'agit d'une race de chèvres à laine fine. Si on relit le magnifique passage dans le Cantique des cantiques, qui pourrait faire allusion à l'existence d'une race précieuse de ces animaux : « Ta chevelure est comme un troupeau de chèvres de la montagne de Galaad » à cet autre verset : « Tes dents sont comme un troupeau de chèvres tondues, venant d'être baignées, » on peut penser que le poëte a plutôt voulu faire allusion à la couleur comme ressemblance ; mais la première comparaison, pour être flatteuse à la jeune beauté, doit faire supposer que la laine dont il s'agit était d'une teinte noire et non blanche (1).

Quant aux auteurs grecs, Homère et Hésiode mentionnent fréquemment la chèvre comme animal domestique, mais sans faire allusion à une race particulière quelconque. Ælien, parlant des chèvres de Lycie et de la coutume qu'on y a de les tondre comme des moutons, dit que la laine sert à la fabrication de cordes et de câbles. Appien mentionne les étoffes connues sous le nom de Κιλικια, de Cilicie, ancien nom de la province où Angora est situé, comme moyen de

---

(1) Cette observation est de Rosenmuller, cité par Tchihatcheff (J. L.).

protection employé pour amortir la force des projectiles, faisant entendre que les tissus de chèvres de Cilicie ne se distinguaient pas par leur finesse. Virgile n'assigne à la laine d'autre destination que celle de servir aux besoins des camps et à l'usage des pauvres marins :

Usum in castrorum et miseris velamina nautis.

Columelle, le grand historien de l'agriculture romaine, reproduit les paroles mêmes de Virgile en parlant de la laine des chèvres ; de plus, le tableau qu'il trace des qualités que doit réunir cet animal, pour être considéré comme parfait, exclut toute ressemblance avec la chèvre d'Angora, car l'agronome romain réclame, avant tout, un poil d'*un beau noir*. Strabon, né dans la ville d'Amasia, très-rapprochée du domaine actuel de la chèvre d'Angora, ne parle nulle part de chèvres distinguées par la qualité de leur laine, quoiqu'il signale en plusieurs endroits de l'Asie Mineure les différentes races de moutons à laine fine. A partir de l'époque où Rome devint le patrimoine des peuples barbares, on ne pouvait s'attendre à trouver des renseignements sur l'Asie Mineure que dans les auteurs byzantins. Malheureusement on ne rencontre dans leurs ouvrages aucune indication relative à une chèvre à laine fine et blanche.

Ce ne fut qu'en 1555 que la chèvre d'Angora fut distinctement mentionnée par le Père Bélon, qui, à cette époque, parcourait l'Asie Mineure. Cette première description, en présence du silence de tous les auteurs classiques, donne la presque certitude que l'espèce dont nous nous occupons fut introduite à peu près vers cette époque, au moment où la contrée fut envahie par des races pastorales et barbares, les Arabes ou les Turcs. M. Tchihatcheff observe que les Arabes ne formèrent jamais, en Asie Mineure, d'établissements stables ; la race turque seule, parmi les envahisseurs modernes de cette contrée, vint y chercher une nouvelle patrie, et s'y est maintenue jusqu'à nos jours. Il montre que deux rameaux de la race turque, les Seldjuks et les Oghus, s'installèrent successivement dans l'Asie Mineure pendant le XIe et le XIIIe siècle, et qu'ils prirent possession précisément de la région où se trouve Angora, région que leurs descendants occupent encore aujourd'hui. Immédiatement avant les immigrations de ces deux tribus, elles avaient occupé les vastes plaines de Khoraçan (Perse) et de Bokhara, et, selon les plus célèbres orientalistes et géographes, plus anciennement encore la lisière méridionale de la Sibérie et les montagnes de la chaîne Altaï. Il n'est donc pas improbable qu'une race d'animaux originaires de l'Asie centrale, dont les représentants existent encore dans la *Capra Falconeri*, a été emmenée, par migration des tribus nomades, vers la région où on les trouve aujourd'hui, sous la forme modifiée de chèvre d'Angora. Cette hypothèse se trouve appuyée dans un Mémoire du Président de la Tour-d'Aigues, et probablement doit son origine aux bergers turcs chargés de conduire le troupeau qu'il importa en Europe en 1787, car il dit « qu'une tradition constante affirme que les chèvres « d'Angora ne sont pas originaires de cette ville, mais « qu'elles y ont été amenées du centre de l'Asie. »

Quoique la parenté des chèvres d'Angora avec les chèvres de Falconer ne soit pas démontrée aussi positivement que la dérivation de la chèvre commune de la *Capra ægagrus*, cette démonstration est au moins aussi positive que les preuves alléguées autrefois par tous les naturalistes, pour montrer que cette dernière espèce était la souche de la chèvre commune. Il est d'ailleurs moins important, au point de vue pratique, de savoir, d'une façon absolue, quelle espèce a donné naissance à la chèvre angora, que de démontrer qu'il y a une différence spécifique entre les deux races.

Que la chèvre d'Angora constitue une race à part, et qu'elle n'a aucune origine commune avec la chèvre domestique, c'est ce qui semble prouvé par les considérations suivantes :

1° Il y a une différence essentielle entre les cornes des deux races. Celles de la race d'Angora sont contournées en spirale, configuration qui manque entière à la race ordinaire. La forme des cornes est reconnue par des auteurs modernes comme la base de classification de la famille *Cavicornia*, ou ruminants à cornes persistantes, creuses, et enveloppant une partie protubérante de l'os frontal.

2° Les organes mammaires sont hémisphériques, tandis qu'ils sont allongés dans l'espèce commune.

3° Les poils laineux sont très-longs, pendent en boucles vrillées, fines, blanches et brillantes comme la soie, recouvrent le poil court et rude qui est couché sur la peau, ce qui forme un contraste frappant avec le poil externe court et grossier de la chèvre commune, sous lequel on rencontre un poil plus fin ou duvet.

4° La voix, très-différente de celle de la chèvre commune, ressemble un peu au bêlement du mouton.

5° Le lait est plus gras ; l'odeur du mâle est moins forte et moins désagréable.

6° L'angora, comme la chèvre commune, engraisse aussi facilement que le mouton, et sa chair est très-savoureuse.

7° Enfin un dernier caractère tiré des croisements va prouver, jusqu'à l'évidence, qu'il n'y a pas de rapports entre la chèvre d'Angora et la chèvre commune, sujet sur lequel nous reviendrons plus loin avec plus de détails.

La théorie de la différence d'espèces dans les deux races n'est nullement contredite par la fécondité des produits de ces croisements. Une fécondité semblable a été constatée dans les descendants croisés, issus d'espèces bien plus séparées, telles que le cheval et l'âne. Pour ce dernier cas, ainsi que Lyell l'a démontré, il a été établi que le mulet peut féconder et la mule produire, des cas de ce genre ayant été observés en Espagne et en Italie, et plus fréquemment encore dans les Indes occidentales et dans la Nouvelle-Hollande.

La conséquence pratique de la différence des deux espèces est indiquée clairement par M. Sacc : « Il n'y a donc « pas utilité de créer des troupeaux d'angoras par le métis-« sage avec des chèvres communes. Il faut se borner à con-« server cette espèce bien pure, et s'attacher à la perfec-« tionner par elle-même, comme on l'a fait pour les méri-« nos si justement célèbres de Rambouillet. » Cette indication du naturaliste sagace et pratique que nous venons de citer ne doit point être perdue pour nous, et l'un des buts principaux de ce Mémoire est de l'appuyer de tout son pouvoir.

Lorsqu'on introduisit la chèvre d'Angora en France en 1787, et plus récemment en 1857, on croyait que le plus grand avantage à tirer de la race nouvelle serait de la faire servir à l'amélioration de l'espèce commune. La même opinion domine malheureusement en Amérique, encouragée qu'elle est par la presse agricole, aussi bien que par les gens qui font commerce de l'importer et qui, par là, espèrent faire monter les prix des boucs reproducteurs.

L'une des premières publications américaines qui donnèrent une description de la nouvelle espèce fut le rapport agricole du *Patent Office* pour l'année 1857. C'était l'extrait d'un Mémoire sur les chèvres de Cachemire, comme on les appelait alors, appartenant à M. Richard Peters, d'Atlanta en Géorgie, écrit par le naturaliste bien connu, le Dr John Bachmann, de Charleston, Caroline du Sud. Cet excellent naturaliste, reproduisant les idées qui avaient cours dans ce temps-là, dit : « Les variétés de chèvres sont aussi nom-« breuses, et même plus, que les contrées où on les « rencontre. Toutes sont de même espèce ; les variétés se « mêlent et se multiplient l'une dans l'autre à l'infini. « Toutes remontent à une souche unique, la chèvre com-« mune, *Capra hircus*, laquelle, selon presque tous les na-« turalistes autorisés, dérive de la chèvre sauvage, *Capra* « *ægagrus*, qui existe encore dans les Alpes d'Europe. » Après avoir parlé de la diversité de couleur, d'aspect et de forme remarquée sur les chèvres de l'Hindoustan, de la Tartarie chinoise et du Thibet, M. Bachmann ajoute : « En « un mot, toutes ces variétés sont d'une espèce unique; « des tribus de cette espèce sont devenues permanentes, et « quelques-unes valent infiniment mieux que les autres. » Les essais de métissage avec l'angora et la chèvre commune dans le troupeau de M. Peters lui font faire cette réflexion : « Bien que familiarisé depuis longtemps avec les modifica- « tions produites par les croisements entre variétés d'ani- « maux domestiques et d'oiseaux de basse-cour, il y a dans « ces chèvres un caractère fortement développé que je n'ai « jamais vu dans d'autres variétés. Je veux parler de la fa- « cilité avec laquelle le produit du croisement entre le bouc « de la race asiatique avec la femelle de race commune « prend tous les caractères de la première. Il est très-diffi- « cile, quand on opère sur une race devenue permanente, « de la transformer en l'une quelconque de nos variétés « domestiques en se servant d'un mâle de ces dernières « comme reproducteur. Que l'on agisse sur des chevaux, du « gros bétail, sur l'espèce ovine ou porcine, le résultat est « toujours le même. Le produit du métissage tend toujours « à revenir à l'une des variétés initiales. De là les objections « du métissage. Mais, dans les produits des chèvres asia- « tiques et des chèvres communes, les neuf dixièmes d'entre « eux montrent leur tendance marquée à adopter les ca- « ractéristiques du mâle, et de s'élever à un plus haut de- « gré de noblesse, comme s'ils avaient honte de leur poil « rude et obscur, comme s'ils avaient envie de se débarras- « ser de leurs odeurs nauséabondes et d'endosser la robe « blanche d'une race plus respectable. »

Parlant de la chèvre d'Angora, M. Israel D. Diehl, connu par un Mémoire plein de recherches et d'observations nou- velles, s'exprime ainsi : « Cette chèvre, quoique décrite « comme la *Capra angorensis*, n'est pas autre chose qu'une « variété améliorée de la *Capra hircus*, ou chèvre com- « mune. » Il rappelle les nombreuses Sociétés d'agriculture, le grand nombre de savants et de praticiens, qui ont apprécié la valeur de la chèvre d'Angora et de sa toison, et qui ont démontré la « facilité avec laquelle on peut la croi- « ser et la métisser avec la chèvre commune, ce qui permet « de constituer un troupeau et de l'accroître rapidement ; » et il ajoute : « Presque tous les produits de ce croisement « montrent les plus fortes tendances à se rapprocher du « degré plus haut et plus noble en ressemblant au mâle, et « et en endossant la blanche livrée de la race la plus estimée « et la plus précieuse. »

Ces doctrines, largement répandues par les publications agricoles du gouvernement, ont été acceptées sans objection, et les éleveurs américains se sont épuisés en vains efforts pour produire des croisements ayant toute la valeur de la race pure.

Pour juger la valeur et la possibilité de pareilles tentatives, il importe de ne pas perdre de vue le résultat économique précis que l'on recherche. De prime abord, il est évident que l'on ne cherche pas à obtenir une variété de chèvres propres à la boucherie. On ne tient pas non plus à obtenir une variété capable de fournir une toison médiocre, qui ne serait simplement qu'une substitution à la laine des moutons. Ce que l'on veut, c'est de se procurer une race d'animaux susceptible de produire une matière textile en vue de certains produits manufacturés nettement définis, telle que la soie, la noble laine de Saxe, ou le coton du Sea-Island, c'est-à-dire une matière *sui generis* qui ne remplace aucune autre matière, et qui devienne le principe d'étoffes originales. L'introduction d'une race qui ne répond pas à un but de cette sorte ne serait pas une acquisition réelle, malgré tout l'intérêt qu'elle pourrait présenter à l'éleveur et au physiologiste par les expériences de croisement dont elle serait l'occasion (1).

---

(1) Depuis quelque temps les plus intelligents producteurs de laine américains se persuadent de plus en plus de l'importance qu'il y a à conserver

Nous laisserons de côté ce que disent les rapports agricoles, comme ayant peu de valeur, car il n'y a pas de sujet où des éleveurs, même très-habiles, soient plus exposés à se tromper que dans le caractère et les propriétés des toisons de leurs troupeaux, et parce que, en même temps, nous n'avons aucune preuve que les produits issus des croisements dont on vient de parler aient jamais subi une épreuve concluante, comme, par exemple, l'épreuve de la filature. Occupons-nous de savoir s'il y a possibilité de produire la toison typique de l'angora au moyen de croisements, en nous appuyant sur des principes physiologiques admis, et sur des résultats acquis dans des cas analogues.

L'illustre naturaliste M. de Quatrefages, qui a récemment exposé les principes qui gouvernent la formation des races dans ses cours au Muséum d'histoire naturelle et dans la *Revue des Deux-Mondes*, remarque « qu'il y a une « loi dans le croisement qui se trouve constamment véri- « fiée; chacun des deux auteurs tend à transmettre à leurs « descendants leurs qualités bonnes ou mauvaises en même « temps. » Toutefois, il admet que cette tendance se trouve modifiée par la prédominance, dans l'un ou dans l'autre, de la puissance de transmissibilité. « Lorsque cette puis- « sance est égale dans le père et la mère, le produit repré- « sentera un mélange égal des qualités des parents; mais, « si la puissance de transmissibilité est inégale, ce sont les « qualités de l'ascendant qui la possède qui prédomineront. « L'inégalité dans la puissance de transmissibilité semble « être plus grande, quand les races sont très-voisines l'une

---

pures les variétés de matières textiles, de les maintenir dans leur caractère propre, leur pureté, et dans leur excellence. Ils ne veulent plus « de ces types hybrides qui ont la prétention d'être *propres à tout*, et qui, finalement, ne sont réellement *bons à rien*. » A la convention des producteurs de laine de l'Ohio, qui eut lieu le 7 janvier 1868, M. R. M. Montgomery fit cette motion : La vraie direction à imprimer à l'élève du mouton, c'est de conserver chaque variété à l'état pur, et de s'efforcer à produire les meilleures laines de peigne, capables de donner les meilleurs draps.

« de l'autre, car il arrive quelquefois qu'en croisant deux
« races dans ces conditions on obtient un produit qui
« semble appartenir à l'une des deux. » Comme conséquence de ce principe, M. de Quatrefages observe que rien
ne saurait être plus irrationnel que de prendre des animaux de demi-sang pour régénérer et améliorer une race,
car ne possédant intégralement aucune des qualités cher-
chées, et se trouvant frappés d'une partie des défauts que
nous voulons éviter, ils transmettent un mélange des unes
et des autres; en outre, comme ils sont d'une formation
plus récente que la race à régénérer, c'est cette dernière qui
donnera l'empreinte, sinon sur la première, du moins sur
les autres générations successives.

Ces vues sont confirmées par les récentes observations du
professeur *Agassiz*, recueillies au Brésil, sur les effets des
croisements des races d'hommes. Le principal résultat où
ses études sur le mélange des races humaines dans la région
du Brésil l'aient fait arriver est celui-ci : « Les races se com-
« portent les unes envers les autres comme toutes les es-
« pèces distinctes; c'est-à-dire les hybrides provenant du
« croisement des hommes de races différentes sont tou-
« jours un mélange des deux types primitifs, et jamais la
« simple reproduction des caractères de l'un ou de l'autre
« des progéniteurs. » Dans un autre passage, l'illustre savant fait cette remarque : « Quoique les naturalistes puissent
« différer d'opinion sur l'origine des espèces, ils s'accordent
« pour le moins sur un point, notamment que le descen-
« dant de deux espèces soi-disant différentes est un être
« intermédiaire entre les deux, ayant les traits particuliers
« des deux parents, mais ne ressemblant ni à l'un ni à
« l'autre d'assez près pour qu'on puisse le confondre avec
« l'un ou l'autre. »

On voit, par ces citations des deux physiologistes éminents,
que rien n'y vient appuyer l'erreur générale dans laquelle
semblent être tombés le D* Bachmann et M. Diehl, suivant
lesquels le mâle aurait une plus grande puissance de trans-

mettre le sang au descendant. Si le Dr Randall, dans son *Manuel pratique du berger*, admet que le bélier communique le plus souvent les principaux caractères de la forme, il attribue cette puissance prépondérante du bélier à la supériorité du sang et à la supériorité de la vigueur individuelle, car le bélier est généralement de *race plus élevée* que les brebis, même dans des troupeaux pur sang.

Si l'on admet, comme principe physiologique, que les parents appartenant à des races très-disparates ont une tendance égale à transmettre toutes leurs qualités, comment peut-on espérer obtenir un animal lanifère de quelque valeur, en croisant des chèvres assez différentes pour appartenir à deux espèces distinctes, surtout quand la robe de l'une est absolument mauvaise, et qu'elle n'a rien à donner qui soit capable d'ajouter aux qualités particulières de l'autre? Tous les cas analogues que nous connaissons montrent qu'il y aurait là une tentative aussi infructueuse qu'inutile. Le Dr Randall déclare « que tous les essais pour former des « variétés intermédiaires permanentes d'une certaine va- « leur en croisant le mérinos avec une famille quelconque « de bêtes ovines, dans le but de combiner les bonnes qua- « lités des deux éléments, ont constamment échoué. » Les éleveurs allemands affirment qu'il est impossible de transformer, par le croisement, des moutons communs en mérinos. En effet, M. Loehner soutient que, même après neuf générations successives, le type commun reparaît aussitôt qu'on cesse d'employer des béliers mérinos pur sang. C'est pour cette raison que les Allemands ne désignent pas autrement le degré le plus élevé du produit croisé que par la dénomination de métis améliorés.

L'usage constant de reproducteurs d'Angora pur sang ne serait que d'un faible secours, en supposant qu'on pût se les procurer dans des troupeaux américains, car il deviendrait bientôt impossible, si l'on persistait dans le système des croisements. Ce n'est que dans la chèvre asiatique que nous rencontrerons le type parfait, absolument

comme pour le cheval arabe. En parlant des races anglaises
de chevaux descendant de *Godolphin Arabian*, ou du *Darley Arabian* et des juments pur sang de Charles Ier, M. Youatt
établit que, toutes les fois qu'une « goutte de sang
« commun a été mêlée au courant pur, on l'a immédiate-
« ment découverte dans l'infériorité de la forme et du
« fonds. » De même, on peut dire qu'une seule goutte de
sang de la chèvre commune suffira pour porter atteinte au
brillant et à la finesse du poil qui caractérisent la pure race
asiatique.

M. Fleischmann, dans un travail sérieux sur la laine fine
allemande, donne les résultats obtenus avec un croisement
de mérinos pur et de moutons de pays, constamment régé-
néré par le bélier mérinos pur. A la quatrième génération,
la toison contenait 25 pour 100 de laine *première*, 50 pour
100 de laine *seconde* et 25 pour 100 de laine *troisième* ; la
laine conserve encore de la rudesse et l'on compte environ
dix-huit mille brins de laine sur 1 pouce carré de surface.
A la dixième génération, la laine fine prédomine. La toison
donne alors de 60 à 70 pour 100 de laine *première*, 20 à 25
pour 100 de laine *seconde* et 10 à 15 pour 100 de laine
troisième. A la vingtième génération, la toison, par suite du
croisement continu et de soins attentifs, a 20 pour 100 de
laine *electa*, 50 pour 100 de laine *première*, 20 pour 100 de
laine *seconde* et 10 pour 100 de laine *troisième*. Mais on y
rencontre encore, quelquefois, des poils grossiers. Arrivé à
cette période, on compte vingt sept mille brins de laine sur
1 pouce carré de surface. Ainsi, même à la vingtième génération, après avoir constamment employé des reproducteurs
de pur sang, la laine reste encore bien au-dessous de la
finesse de l'animal de pur sang absolu, car ce dernier n'a
pas moins de quarante mille à quarante-huit mille brins de
laine sur un pouce carré. Ces faits montrent combien est
lente la progression vers la finesse du brin, même dans les
croisements descendus d'un ancêtre de race commune par
l'un des côtés.

Passons maintenant de l'analogie à l'épreuve directe de l'élève de la race angora, soumise au croisement avec l'espèce commune. Nous nous adresserons, pour éclairer cette question, à l'homme qui, en Europe, a le mieux étudié et le plus longtemps observé la chèvre d'Angora, à M. de la Tour-d'Aigues. Cet homme de bien, en 1787, introduisit en Europe plusieurs centaines de ces animaux sous la conduite de bergers turcs, et les établit dans les Basses-Alpes, sur la chaîne du Léberon, où elles prospérèrent admirablement. Il affirme qu'après la *sixième* génération le poil des métis, obtenus en croisant un bouc angora avec des chèvres communes, reste poil, quoiqu'il se soit allongé, et ne peut être filé. « Cette espèce de chèvres, dit-il, est *constante*, et, quoi-« qu'elles procréent avec les nôtres, l'on ne doit pas espérer « pouvoir jamais les multiplier par le croisement des races, « parce que le vice de la mère ne s'efface jamais. Si quel-« ques individus approchent plus ou moins de la race du « père, leur poil sera toujours court et trop grossier pour « être travaillé. » Ce témoignage, venant d'un homme occupant une haute position agricole, comme M. de la Tour-d'Aigues, est d'une grande valeur, car on voit qu'il ne s'est pas seulement contenté d'introduire la chèvre d'Angora et de l'élever avec succès, mais qu'il a étudié ses produits en faisant filer et tisser les toisons, opérations pour lesquelles il donne des instructions très-minutieuses.

D'après les observations de M. Brandt, le poil de la chèvre d'Angora pure est, de moitié à un tiers, plus serré que celui de la chèvre commune. La finesse du brin qui en résulte est une qualité essentielle pour la filature. La laine d'Angora est toujours préparée et filée sous forme de *filés de laine de peigne* (worsted), c'est-à-dire que les brins ne sont pas cardés, mais, au contraire, placés parallèlement côte à côte par le peignage, et donnent un fil égal et brillant. Comme les brins ou poils sont très-glissants, il faut qu'ils soient très-fins pour adhérer les uns aux autres et pour permettre à un grand nombre de brins parallèles à se réunir en un fil d'un numéro donné. Quand les brins sont trop longs, on est obligé de les mélanger à de la laine de peigne qui *porte le brin*, comme on dit techniquement; mais le brillant du tissu s'en trouve diminué.

Bien que les faits et les raisons cités plus haut ne me laissent aucun doute sur la nécessité qu'il y aurait à abandonner l'élevage par le croisement avec la chèvre commune, je dois cependant avouer qu'en France on espère encore atteindre de bons résultats avec le croisement. Dans son rapport de 1862, à la Société d'acclimatation, sur les expériences entreprises sur la ferme de Souliard, M. Richard (du Cantal) dit : « Des croisements opérés avec des chèvres « d'Angora et des chèvres ordinaires d'Auvergne ont donné « des produits qui, à la deuxième génération, se rappro- « chent beaucoup des individus pur sang, et, si la Société « continue ses expériences à ce sujet, je crois qu'elle ob- « tiendra d'heureux résultats. Toutefois, et pour fixer son « opinion sur ce point, il serait utile qu'elle fît étudier cette « question pratique, partout où elle a déposé des chèvres an- « goras. » Le plus qu'on puisse inférer d'une opinion exprimée avec tant de réserve, c'est que le système du croisement est encore considéré, en France, comme sujet digne d'être expérimenté.

ÉLÈVE DE LA CHÈVRE D'ANGORA DANS SON PAYS NATAL.

Relativement à l'élève de la chèvre d'Angora dans sa contrée d'origine, nous possédons de nombreux renseignements fournis par des voyageurs scientifiques. Le célèbre académicien Tournefort, le précurseur en botanique de l'illustre Linné, décrivit le premier l'ancienne magnificence d'Ancyre, site de l'Angora actuelle, mentionnée par Tite-Live, au nombre des villes les plus fameuses de l'Orient. Il rappelle ses premiers habitants, arrivés à une telle grandeur, qu'ils rendirent tributaires même les rois de Syrie; ceux qui l'habitèrent, plus tard, étaient ces Galates que l'apôtre

Paul honora de l'une de ses épîtres. Il décrit ses monuments
dédiés à Auguste, les plus splendides de toute l'Asie, sur
lesquels était écrite, en pur latin, la vie de l'empereur, ses
rues abondant en colonnes et en vieux marbres entremêlés
de porphyres et de jaspes, ses murailles bâties avec des
ruines d'architraves, de soubassements et de chapiteaux,
ses tombes couvertes d'inscriptions grecques et latines, tous
ces restes attestant qu'il y eut là l'un des centres de la civilisation romaine. Mais plus intéressante que les monuments
d'une splendeur passée est la mention, donnée pour la première fois avec quelques détails par ce voyageur, du cadeau
fait à la civilisation moderne par les Barbares de l'Asie centrale. Je transcris son langage :

« On nourrit les plus belles chèvres du monde dans la
« campagne d'Angora. Elles éblouissent par leur blancheur,
« et leur poil, qui est aussi fin que de la soie, frisé naturelle-
« ment par tresses de 8 à 9 pouces de long, est la matière pre-
« mière de plusieurs belles étoffes, et surtout du camelot.
« Mais on ne permet guère d'exporter cette toison sans la
« filer, parce que les gens du pays y gagnent leur vie... Quoi
« qu'il en soit, ces belles chèvres ne se trouvent aujourd'hui
« qu'à quatre ou cinq journées d'Angora et de Beibazar. Leurs
« petits dégénèrent quand on les transporte plus loin. Le fil
« de chèvre se vend depuis 4 livres jusqu'à 12 ou 15 livres
« l'ocque (le kilog.); il y en a même de 20 à 25 écus ; mais ce
« dernier ne sert qu'à fabriquer le camelot destiné au sé-
« rail du Sultan. Les environs d'Angora emploient le fil de
« chèvre pur dans leurs camelots, tandis qu'à Bruxelles, et
« je ne sais pour quelle raison, on est obligé d'y mêler de la
« laine. En Angleterre ils font servir les poils à la confec-
« tion de leurs perruques, mais ils ne savent pas la filer.....
« Tout ce pays est sec et pelé ; les chèvres n'y broutent
« que des brins d'herbe, et c'est peut-être, comme le re-
« marque Busbèque, ce qui contribue à conserver la beauté
« de leur toison, qui se perd quand elles changent de climat
« et de pâturage. »

Un autre voyageur, le capitaine anglais Conelly, a donné une description également intéressante de l'élevage de la chèvre d'Angora, dans un Mémoire lu à la Société asiatique. Mais je n'en dirai rien, car tout le monde peut la trouver dans l'ouvrage sur la laine par M. Southey.

Nos plus récentes informations sont dues à M. Tchihat-cheff, déjà cité, qui a consacré cinq années de sa vie à l'é-tude de l'histoire naturelle en Asie Mineure, et à M. Bourlier (pharmacien aide-major) dans un rapport au ministre de la guerre sur une mission en Asie Mineure. La région dé-signée, par le premier, comme le domaine par excellence de la chèvre d'Angora est située à peu près entre 39° 20' et 41° 30' de latitude boréale, et entre 33° 20' et 35° de lon-gitude à l'est de l'observatoire de Paris. Elle a une surface d'environ 2,350 lieues carrées métriques, ce qui équivau-drait à un peu plus de la quarante-quatrième partie de la surface totale de l'Asie Mineure, et à environ la même fraction de la surface de la France. Cette contrée est plus ou moins montagneuse et sillonnée par de profondes vallées; son alti-tude moyenne pourrait être approximativement évaluée à 1,200 mètres. Bien que les massifs plus ou moins élevés dont elle est hérissée soient généralement ombragés de belles forêts, les plateaux qui en constituent une bonne partie sont très-peu boisés. L'absence des arbres, d'arbustes et des plantes arborescentes donne à la contrée l'aspect de steppes im-menses. Cette dénudation du sol permet aux premières cha-leurs du printemps de sécher le peu d'humidité que la terre avait reçue pendant l'hiver. Le climat est excessif, les hi-vers sont très-froids et les étés très-chauds. En hiver, le pays est couvert de neige, les rafales de neige mêlée de pluie y sont fréquentes, et il n'est pas rare, dans les envi-rons d'Angora, de voir fréquemment descendre le thermo-mètre à 12, 15 et même 18 degrés au-dessous de zéro.

La saison rigoureuse ne dure que trois ou quatre mois. Pendant le reste de l'année, la chaleur est très-forte, surtout dans les vallées, et les belles journées se succèdent sans interruption. Les pâturages deviennent surtout abondants pour les chèvres blanches, quelque temps après la fin des gelées et des neiges, lorsque les premiers rayons du soleil ravivent la végétation. Cette période, qui est courte, stimule la croissance de la toison dont les poils s'allongent sous l'influence d'une nourriture copieuse et succulente. La tonte a lieu en avril ; à peine est-elle achevée, que la végétation, favorisée par le printemps, s'arrête presque subitement, car elle ne reçoit aucun secours des rosées ; sous ce climat, il n'y en a pas ; les gens qui y passent la nuit en plein air n'en ressentent aucun inconvénient, leurs vêtements sont absolument secs. Cette sécheresse a son bon côté, en ce qu'elle développe dans la végétation d'été des propriétés aromatiques qui la rendent éminemment digestible et stimulante.

Le caractère minéralogique des roches du pays est, en général, feldspathique ; la trachyte et la serpentine y abondent. Il ne paraît pas qu'il faille la présence d'éléments minéralogiques particuliers pour conserver pure la race d'Angora, car M. Bourlier fait remarquer que l'on n'aperçoit aucun signe de dégénérescence dans la toison des animaux nourris sur les terrains calcaires ou gypseux. Cependant, l'espèce semble mieux prospérer dans certains districts, situés sur des points d'une altitude déterminée ; en tous cas, il est rare que les troupeaux de pure race soient maintenus sur les plus grandes hauteurs, dans les vallées profondes ou dans le voisinage des forêts. Il n'est pas douteux que les propriétaires indigènes n'aient tiré parti de cette circonstance pour affirmer que la chèvre d'Angora ne peut pas être emmenée du lieu où elle est née sans que sa toison se détériore, fût-ce même en la conduisant jusqu'au village voisin. Des voyageurs intelligents ont partagé ce préjugé. Cependant, des observations directes, en Europe et ailleurs, ont prouvé que cette dégénérescence apparente n'est que l'effet de l'âge, et qu'elle n'est pas due, comme on cherche à le faire croire, à un changement de lieu, de climat ou de nourriture. Admirablement fine chez les bêtes d'un an, puisqu'on la paye 11 francs le kilogramme, la laine l'est déjà moins la seconde, se maintient belle jusqu'à la troisième, déchoit rapidement à partir de la quatrième année, où elle ne vaut plus que 6 francs le kilogramme; perd peu à peu totalement sa finesse et s'allonge à 6 ans en longues boucles ondoyantes : elle est alors absolument mauvaise. Aussi est-ce à cet âge qu'on abat les chèvres, qui ne vivent d'ailleurs pas au delà de 9 à 10 ans.

Tous les auteurs s'accordent à dire que les chèvres d'Angora sont capables de résister à la chaleur et au froid, excepté immédiatement après la tonte, qui les rend très-sensibles au moindre abaissement de température. Mais elles ne peuvent supporter beaucoup d'humidité, pas plus à l'étable qu'au pâturage. Une atmosphère humide les rend sujettes aux maladies des voies respiratoires ou à une espèce de pleuropneumonie. Dans les hivers rigoureux, la mortalité parmi elles est effrayante, tandis que la chèvre commune du pays ne souffre pas. Cela est dû, en grande partie, à ce qu'elles sont renfermées dans de mauvaises constructions dont toutes les ouvertures sont bouchées et où la ventilation est incomplète; leur régime y contribue également, car on ne leur donne le plus souvent que du foin mal séché et un peu d'Avoine. Le tempérament délicat et lymphatique des chèvres blanches d'Angora, qui semble inhérent à leur race, paraît avoir un rapport étroit avec la couleur de leur robe. Quelques physiologistes voient dans la couleur et la délicatesse de ces animaux la preuve d'une sorte d'albinisme. Dans les très-intéressantes discussions du bureau d'agriculture du Massachussets, en 1867, on a cité un grand nombre de faits curieux qui montrent la concomitance de la couleur blanche chez les animaux avec certaines maladies; par exemple, les chevaux blancs qui sont sujets à des maladies que l'on ne rencontre pas chez les chevaux noirs ou bai brun. Au reste, le professeur Agassiz a déclaré que le changement de couleur dans les animaux devait résulter de quelque perturbation générale dans le système ; il a dit que, si ce changement ne se montrait pas dans les yeux, on devait le découvrir sur quelque autre partie du corps; enfin il ajoute que cette décoloration est une sorte de blanchiment des teintes foncées, lesquelles dépendent de certaines propriétés du sang, et qu'elle révèle un certain affaiblissement dans le système.

Mises en regard des faits rapportés par M. Bourlier, ces considérations ont un intérêt considérable, surtout quand il s'agit de réparer les pertes signalées plus haut. Déjà, M. Tchihatcheff nous avait appris que, lorsque les pertes étaient considérables, les gens de la province d'Angora les réparaient, en croisant leurs chèvres avec des chèvres communes, et qu'à la troisième génération la pureté de la race était rétablie. C'est sur cette assertion que l'on s'appuyait en France pour justifier le croisement avec la race commune française, on a vu avec quels résultats. Mais les renseignements de M. Bourlier vinrent enfin rectifier les faits. D'après ce voyageur, les chèvres d'Asie que M. Tchihatcheff appelait communes le sont, en effet, comparativement à la chèvre d'Angora ; mais elles sont de la même espèce, et elles n'en diffèrent que par la couleur et par la taille. Elles appartiennent à la *race noire*, appelée aussi *race kurd*, répandue dans toute l'Asie Mineure, sur tous les sols et à toutes les altitudes, contrairement à la *race blanche*, confinée sur un territoire relativement étroit. « L'une et « l'autre, dit-il, ont la toison longue. Leur conformation « générale se ressemble. Seulement, la chèvre noire est « d'un cinquième environ plus grande que la blanche. Sa « toison pèse de 3 kilog. 750 à 5 kilog. ; le poil, noir, droit, « sans ondulation, atteint à $0^m,27$ de longueur. Les boucles « de laine de la race blanche sont longues de $0^m,25$, et la « meilleure toison ne dépasse pas le poids de 2 kilog. 500. »

M. Bourlier cite deux exemples afin de montrer que l'introduction des femelles blanches d'Angora dans une localité où elles n'existaient pas auparavant n'est pas considérée, par les indigènes, comme le moyen le plus simple et le plus expéditif d'acquérir cette race précieuse. « Il y a soixante-dix « ans, à Tchiftéler-Geutchébé-Yallaci, les habitants ne pos- « sédaient pas de chèvres blanches. Vers cette époque, ils « commencèrent à croiser leurs chèvres noires avec le bouc « de la race blanche, et poursuivirent ce système avec per- « sévérance jusqu'à nos jours; ils nourrissent maintenant « huit mille chèvres de race blanche sur le territoire de « leur district. Nous avons examiné ces troupeaux, et nous « avons reconnu que leurs toisons n'étaient inférieures, « sous aucun rapport, à toutes celles que nous avons vues « ailleurs. Relativement à ces générations nouvelles, l'expé- « rience prouve que, trois ans après leur commencement, « elles n'avaient pas dégénéré; au reste, il n'y a aucun doute « sur la fixité de la race ainsi obtenue, car, depuis long- « temps, les reproducteurs étalons sont pris dans le troupeau « même. A Sidi-Ghazi, le croisement par le même procédé « a été commencé il y a six ans à peine, et les troupeaux « sont superbes. »

Voici comment sont détaillés les effets du croisement pendant les générations successives :

1° Le métis d'une femelle noire avec un bouc blanc d'Angora présente une toison marbrée de couleur fauve ou ardoisée sur fond blanc impur. Les flancs, les épaules et la tête gardent plus particulièrement les traces de la couleur de la mère. La finesse de la toison s'améliore sensiblement.

2° Le croisement de ce premier produit avec un bouc blanc fait disparaître toute trace de couleur noire. La toison devient blanche. Les épaules et les flancs se recouvrent de mèches ondulées; mais toute la ligne du dos et du toupet reste garnie de poils droits et rudes.

3° En accouplant ce dernier métis toujours avec un bouc blanc de race pure, on obtient une finesse plus grande dans les mèches des épaules et des flancs. La portion dorso-lombaire de la colonne vertébrale n'a plus de poils rudes, que l'on ne trouve plus que sur le dessus du cou et sur le toupet.

4° Un quatrième croisement, opéré avec les mêmes précautions que précédemment, donne au produit le cachet de
pureté ; les poils rudes ont disparu sur le toupet et sur
le cou.

5° Les croisements consécutifs rendent plus stables les
modifications déjà obtenues ; mais, dès la cinquième génération, les individus créés par ces croisements successifs
seront capables de reproduire comme s'ils étaient de sang
pur.

Une preuve infaillible de la finesse, dont M. Bourlier ne
parle pas, est indiquée par d'autres écrivains ; c'est la frisure
de la laine, qui ne s'observe sur les jeunes individus que
lorsqu'ils sont de pure race. Tous les bouquetins dont la
laine n'est pas frisée sont rejetés des troupeaux avec le plus
grand soin, comme n'étant pas pur sang.

On ne peut nier que des observations confirmatives de
celles de M. Bourlier seraient désirables. Disons, toutefois,
que M. Sacc les considère comme consciencieuses et habile-
ment faites ; elles lui servent de base pour établir l'identité
de la race kurd noire et de la race d'Angora blanche.
M. Bernis, vétérinaire en chef de l'armée d'Afrique, les cite
également avec une entière confiance. Enfin elles semblent
confirmées par les observations de M. Diehl, qui a visité
personnellement la région d'Angora.

M. Sacc et d'autres auteurs estiment à trois cent mille le
nombre des chèvres de race blanche dans le district d'Angora, et leur produit en laine (appelée *tiftik* par les indigènes, et *mohair* en Angleterre) à 2 millions de livres. Ce
produit, pour 1867, serait de 4 millions de livres, d'après
les tableaux anglais des exportations de Turquie. Autrefois,
les laines d'Angora étaient toutes filées et tissées sur place,
et s'exportaient sous forme de filés et de camelots, dont la
ville d'Angora vendit à l'Europe trente-cinq mille pièces
en 1844. On y prohibait l'exportation de la laine, en appliquant le sage système qui permit à l'Angleterre, en retenant
le monopole des laines de peigne, de développer ses colos-

sales manufactures de tissus façonnés. A Angora, douze cents métiers étaient en activité, et les habitants déployaient une véritable habileté dans la fabrication des gants, de la bonneterie, des camelots pour l'exportation, et des robes d'été d'une grande beauté pour les personnages turcs. Bref, la ville était dans un état florissant, et la population heureuse de vivre de son industrie. Mais, après la révolution grecque, le gouvernement turc se laissa entraîner par l'Angleterre à admettre en franchise les produits fabriqués avec les machines d'Europe, et à permettre l'exportation de la laine brute d'Angora. Cette mesure fatale fut la mort de la ville d'Angora. Tout le produit en laine fut expédié en Angleterre, à l'exception de 20,000 livres environ restées pour les besoins immédiats du pays. De douze mille, les métiers tombèrent à cinquante, et la ville, quoique ayant la vente d'une matière première nécessaire à une fabrication importante et caractéristique, offre dans sa triste décadence un monument de plus de l'influence désolante de ce système qui voudrait rendre tributaire d'un seul grand atelier au monde la matière première de tous les pays.

Essais d'acclimatation en Europe et aux États-Unis. Leurs résultats.

La race des chèvres d'Angora avait déjà attiré l'attention des agriculteurs philanthropes pendant le siècle dernier. La première tentative d'introduction en Europe eut lieu en 1765, sous les auspices du gouvernement espagnol ; on ne sait ce qu'est devenu le troupeau qui fut importé à cette occasion. En 1787, le président de la Tour-d'Aigues, à son tour, fit venir un troupeau de plusieurs centaines de bêtes, qu'il installa dans les Basses-Alpes. Il paraît avoir réussi à son gré, car l'éminent agriculteur déclare que son troupeau, sans recevoir de soins particuliers, se maintient en santé parfaite, et qu'il s'accommode aussi bien du pâturage que du climat. « Je peux attester, dit-il, que rien n'est plus

« aisé que d'entretenir et de nourrir cette espèce ; elle ac-
« compagne les moutons au pâturage, et reçoit en hiver
« la même nourriture que les moutons. » Vers la fin du
dernier siècle, Louis XVI importa un troupeau d'Angora à
Rambouillet ; mais ce troupeau, aussi bien que celui de
M. de la Tour-d'Aigues, disparut pendant la Révolution.
Une importation faite en 1830 par le roi d'Espagne donna
de meilleurs résultats. M. Graëll dit que ce troupeau, fort de
100 têtes, fut interné dans les montagnes de l'Escurial où il
eut l'occasion de le voir pour la première fois en 1848,
c'est-à-dire dix-huit ans après leur venue en Castille. A cette
époque, le troupeau comptait 200 animaux, presque tous
blancs. La toison des mâles était magnifique. Tous les individus importés primitivement avaient disparu, et avaient
fait place aux chèvres actuelles toutes parfaitement habituées
au climat, à la nourriture, et aux autres conditions particulières à la région centrale de l'Espagne. A Huelva, il y avait,
à la même époque, un troupeau de 100 chèvres d'Angora
qui réussissaient également bien dans cette région montagneuse. Ces derniers faits nous paraissent instructifs, car ils
montrent que, dans l'espace de dix-huit ans, le troupeau
primitif de l'Escurial avait seulement doublé, ce qui est une
multiplication bien lente.

En 1854, la Société d'acclimatation de France résolut de
faire tous ses efforts pour importer les chèvres d'Angora.
Dès 1855, elle posséda un troupeau de 92 animaux de cette
race. Ce troupeau fut subdivisé et placé dans diverses contrées de la France. Mais sa réussite fut loin de répondre au
but qu'on se proposait. Une partie des animaux moururent ;
ceux qui survécurent donnèrent des toisons telles qu'il
était impossible d'en tirer un parti convenable. En 1858,
on réunit tous les troupeaux séparés et on les plaça à Souliard, dans un district trachytique et montagneux du Cantal. Les animaux revinrent rapidement à la santé et se mul-
tiplièrent sans éprouver de maladies. Les toisons étaient
admirablement belles ; on en fit des velours d'une telle

finesse, que l'on crut que la laine de la chèvre d'Angora s'était améliorée en France. Tout à coup l'accroissement de ce troupeau fut désastreusement arrêté par l'hiver rigoureux de 1859 et par l'été pluvieux et humide dont il fut suivi. « Les neiges abondantes de l'hiver, dit M. Richard, d'une « part, empêchèrent les chèvres de sortir de leur étable ; « la stabulation favorisa en elles la prédominance du sys- « tème lymphatique. D'autre part, les brouillards, les pluies « incessantes du printemps se continuèrent pendant tout « l'été. Les chèvres, toujours dans une atmosphère humide, « mangeant l'herbe mouillée, contractèrent, comme les « troupeaux de moutons, la cachexie aqueuse : un tiers des « animaux succomba à cette maladie. Si des moyens éner- « giques n'avaient été employés dès les premiers symp- « tômes de l'invasion de l'affection qui les décimait, il est « très-probable que peu de sujets auraient survécu au « fléau. La maladie fut arrêtée par une médication tonique « et fortifiante. » Le troupeau, réduit de 92 têtes en 1855, à 70 sujets en 1862, était, à cette dernière époque, en bonne santé.

Les expériences faites en France ne sont guère encourageantes sous beaucoup de rapports. Cependant elles nous apprennent une cause capitale d'insuccès, c'est que les troupeaux de chèvres d'Angora sont menacés de périr quand on les fait vivre sous un climat humide. Si donc, en Amérique, on veut trouver des districts favorables à l'acclimatation de cette espèce, il convient de les chercher dans nos régions du nord et du centre, à climat excessif, à hivers rigoureux et à étés chauds et secs. L'expérience a, du reste, confirmé ce qui pourrait être admis *à priori*. Le docteur J. B. Davis importa, en 1849, 8 chèvres d'Angora, 2 boucs et 6 femelles. M. Diehl donne les résultats de cette première importation et de toutes celles qui eurent lieu par la suite, représentant un nombre total de 300 individus, tous provenant d'Angora même. Selon lui, ces animaux se sont considérablement multipliés, puisqu'on les compte par milliers, disséminés dans les États du sud-ouest.

« Nous avons, dit M. Diehl, personnellement visité et
« examiné la plupart des localités et des troupeaux, vu ou
« obtenu des animaux et des échantillons de leur laine.
« Nous avons comparé ces produits avec ceux de l'étranger.
« Nos observations nous permettent d'affirmer qu'on a
« réussi et que l'on continuera à réussir, à élever ce pré-
« cieux animal lanigère, avec sa magnifique toison, presque
« partout où les moutons prospèrent, .spécialement dans
« les localités élevées et froides, où l'on pourra produire un
« animal plus rustique, avec une toison plus lourde et d'un
« prix plus élevé que la chèvre angora ou cachemire dans
« son propre pays. Les échantillons de laine que nous pos-
« sédons sont plus soyeux et plus ondoyants que ceux du
« pays d'origine. » A l'appui de ces déclarations, M. Diehl donne les communications originales de plusieurs éleveurs praticiens qui confirment ce qu'il avance. Malheureusement, ces observations ne distinguent pas les produits des croisements de ceux des animaux pur sang, ce qui est regrettable (1).

---

(1) La plus considérable de ces importations en Amérique a été celle de M. Chenery, de Belmout, Etat de Massachussets. Elle fut de trois cents individus. Le premier aussi, il importa les angoras en Californie. Ses expériences et l'état de son troupeau prouvent que l'acclimatation de ces animaux est un fait accompli en Amérique. Quelques cas mortels d'affection pulmonaire s'étant déclarés par suite du froid après la tonte, M. Chenery a fait construire un abri chaud et bien ventilé, où les animaux ont accès l'été comme l'hiver. Depuis cette précaution, la santé des animaux est parfaite. M. Chenery considère ces chèvres comme plus rustiques que les moutons. Il les nourrit comme ces derniers, à l'exception de branches de Sapin blanc qu'il leur donne à brouter pendant l'hiver. On ne peut les garder avec des clôtures en pierre; une haie suffisante, haute, les retient mieux, car ils ne peuvent pas sauter. La femelle ne produit qu'un chevreau par portée. Ce dernier ne demande des soins qu'au moment de naître, à cause du froid qui pourrait le saisir. Une fois qu'ils tettent, il n'y a plus à s'en occuper. Le produit de la toison est, pour les boucs, de 7, 8, quelquefois 12 livres; celui des femelles, de 3 à 5 livres.

Emploi des produits.

Nous avons dit ailleurs que le mohair (laine de la chèvre d'Angora) n'est pas un substitut de la laine du mouton, mais qu'il occupe une place propre dans les tissus. Il a l'aspect, le toucher et le brillant de la soie, sans la souplesse de la laine ; il diffère matériellement par l'absence de propriétés feutrantes, en sorte que les étoffes de mohair ont les fibres toujours distinctes et toujours brillantes. Ne retenant pas la poussière, se tachant difficilement, elles sont excellentes pour l'ameublement. La fibre prend aisément la teinture ; c'est même le seul textile qui prenne également les couleurs appliquées aux autres tissus. Le brin étant rigide, on ne le fait que rarement servir seul au tissage ; si on l'emploie au remplissage, la chaîne sera ordinairement de coton, soie ou laine, et réciproquement. Ce que l'on recherche dans le mohair, c'est moins la douceur associée au soyeux, ces qualités se rencontrant dans les laines de Cachemire et de Mauchamp, mais l'élasticité, le lustre, la durée de la fibre, avec assez de finesse pour pouvoir se filer. Ceux qui se rappellent les modes de 1850 se souviennent de ces *camelots* qui servaient à confectionner des pardessus et autres vêtements, et se rappelleront combien grande était leur durée, que l'on attribuait à la présence de la soie. Ces camelots étaient en mohair. Le lustre et la résistance de cette matière la rendent très-propre aux tresses de passementerie, aux boutons, beaucoup plus durable que les mêmes objets en soie ou en laine. Mais elle sert surtout à fabriquer des velours d'Utrecht, qui sont inusables. Cette étoffe a été expérimentée, il y a vingt ans, dans quelques waggons de chemin de fer en Amérique, sans s'altérer. Maintenant nos meilleurs chemins de fer la recherchent comme la plus solide des couvertures. La manufacture de velours d'Utrecht, à Amiens, consomme 500,000 livres de mohair filé en Angleterre ; on exportait les étoffes principalement aux Etats-Unis. Les peluches de mohair se fabriquent avec des fils du n° 26 au n° 70 ; les tissus fabriqués avec des fils du n° 26 coûtent 4 francs le mètre ; les tissus faits avec le n° 70 coûtent 10 francs le mètre ; cette différence montre toute l'importance qu'il y a à conserver la finesse de la toison.

En Prusse, on fabrique des quantités considérables d'un article moyen en filés de mohair associé à la laine de peigne ; mais il manque de cette surface unie, de ce reflet brillant, que l'on rencontre dans les tissus français. On emploie en grandes quantités les filés mohair à Paris, à Nîmes, à Lyon, et en Allemagne pour les dentelles, qui remplacent les dentelles de Valenciennes et de Chantilly. Les châles, dont on parle si souvent comme étant fabriqués avec de la laine d'Angora, sont des tissus façon dentelle, et n'ont aucun rapport avec les châles des Indes et de Cachemire. Les châles dits de lama sont en mohair. J'en ai vu un dans les magasins de Stewart, coté à 400 francs, et qui pesait à peine 2 onces et tiers. On consomme également beaucoup de mohair à Bradford, en Angleterre, pour la fabrication d'étoffes légères d'été. La chaîne de ces étoffes est en soie et coton, principalement de coton, et le développement de cette fabrication est surtout dû aux progrès obtenus en faisant des chaînes de coton fin, parce que la combinaison de la laine avec le mohair n'est pas considérée comme avantageuse. Ces étoffes sont recherchées à cause de leur brillant et de leur solidité. Tous les filés de mohair qu'on emploie en Europe sortent des filatures de l'Angleterre ; les Anglais se sont conquis ce monopole, en brisant la concurrence des filatures françaises par une réduction dans les prix contre laquelle celles-ci n'ont pu lutter. Des tentatives de filature et de tissage du mohair ont eu du succès en Amérique, comme le prouvent les échantillons de filés de M. Cameron, et les étoffes de M. Fay, de la manufacture de Lowell, fabriqués avec de la laine d'Angora produite chez M. Chenery.

Presque tout|le mohair brut du commerce se consomme maintenant par quelques manufacturiers d'Angleterre, qui commencèrent à le filer en 1835, d'après les conseils de M. Southey. Ils ne tardèrent pas à chasser du marché les filés turcs, parce que les leurs étaient supérieurs par leur égalité. Plus tard, en 1855, M. Salt organisa une manufacture colossale à Bradford, où il ne fabrique que des tissus de mohair et d'alpaca.

On trouvera des faits instructifs sur les exportations annuelles de mohair en Turquie, dans la lettre suivante adressée en décembre 1867 à MM. G. W. Bond et comp., par Bauendahl et comp., l'une des maisons principales de New-York pour les laines.

« Le bon mohair (laine de la chèvre d'Angora) n'est
« connu, comme article de commerce, qu'en Asie Mineure.
« Il nous arrive de ce pays en balles d'un poids variant de
« 75 à 100 kilogrammes; les toisons contenues dans ces
« balles sont soigneusement enroulées et solidement empa-
« quetées. Les exportations de la Turquie sont comme il
« suit :

Année 1850.	12,884	balles.
— 1860.	11,902	—
— 1861.	16,592	—
— 1862.	17,706	—
— 1863.	14,812	—
— 1864.	19,761	—
— 1865.	27,641	—
— 1866.	22,068	—

« Nous avons vu des échantillons de laines produites dans
« l'Afrique méridionale et en Amérique; mais ces laines
« avaient dégénéré; elles étaient devenues plus gros-
« sières, et avaient perdu leur brillant et leurs propriétés
« soyeuses, deux qualités qui constituent la plus grande va-
« leur de cet article. Douze maisons en Europe, au plus,
« achètent les laines d'Angora; mais, en fait, un tiers de
« toute l'exportation de Turquie est absorbé par une seule

« maison, et entretient des agents en Turquie chargés de
« choisir et d'enlever ce qu'il y a de mieux. Cet article a ses
« singularités; tantôt tout le monde se l'arrache, tantôt per-
« sonne n'en veut. C'est un commerce sans consistance;
« mais il est rare que la demande s'arrête plus de quatre
« mois.

« Il y a deux ans environ, le prix de la livre de laine
« angora extra-blanche de Constantinople était environ de
« 4 fr. 80 en or; après une assez longue morte-saison, il
« tomba à 2 fr. 50 et 2 fr. 70 en or. La valeur des laines
« frisées de seconde classe est toujours extrêmement in-
« certaine. On en exporte peu d'ailleurs, et son prix va-
« rie entre 1 franc et 1 fr. 50 en or. »

Depuis cette lettre, d'autres renseignements m'ont appris
que le prix du mohair en Angleterre a été, pendant ces dernières années, environ le double de celui des meilleures
laines de peigne anglaises.

RÉCAPITULATION ET CONCLUSION.

L'expérience en Europe, confirmée par l'observation en
Amérique, a démontré que l'on peut considérer, comme
praticable, l'acclimatation des chèvres d'Angora sans dégénérescence des toisons, toutes les fois que l'on se placera
dans des conditions favorables de climat.

En Amérique, il existe des localités où se rencontrent un
climat, une température, des conditions hygrométriques
tout à fait analogues à ceux des contrées en Europe et en
Asie Mineure, où cette race existe.

La chèvre d'Angora et la chèvre domestique d'Europe et
d'Amérique ayant deux souches distinctes, les bons résultats de leur croisement l'une par l'autre sont, théoriquement, impossibles, comme le prouvent, d'ailleurs, les expériences d'Europe.

Le brin normal, tel qu'il est, demandé par les arts textiles, ne peut se trouver que dans les troupeaux de race
pure, et peut-être dans des troupeaux provenant de croise-

ments entre la race blanche et la race noire asiatique, mais ramenés à la première par l'infusion constante du sang de la race blanche.

Les mesures systématiques d'acclimatation seront toujours compromises par l'avidité des éleveurs-spéculateurs, qui ne visent qu'à des résultats commerciaux. Cette race ne pourra s'introduire qu'à la condition que le gouvernement s'en occupera sérieusement, et imitera les efforts persévérants et désintéressés des gouvernements d'Europe, lors de l'introduction des plus nobles races de moutons mérinos. En l'absence de toute Société nationale d'acclimatation en Amérique, c'est au département d'agriculture de Washington à se charger de cette mission. L'argent employé à la construction d'un seul canon Rodman suffirait pour acheter un troupeau magnifique, consacré à des expériences suivies et à servir de modèle à nos agriculteurs.

Je suis convaincu que le plus grand obstacle à la conquête durable de nouvelles ressources tirées des richesses de la nature est dû à l'idée exagérée que l'on se fait de leur valeur et de la facilité de les obtenir. Les Américains, si impatients en général, ont besoin qu'on leur rappelle que le progrès réel est le résultat non-seulement des efforts humains, mais du temps, surtout quand il s'agit d'acclimatation. Ils devraient cependant prendre courage, en voyant que ce qui, pour arriver à terme, a besoin, en Europe, de dizaines, de centaines d'années, n'a besoin, en Amérique, que de quelques unités d'années. Qu'ils considèrent avec quelle rapidité notre vaste territoire s'est garni de toute la richesse animale que l'Europe pouvait nous céder ! avec quelle rapidité nous nous sommes approprié les meilleures races bovines et ovines du vieux monde ! En moins de cinquante ans, nous avons répandu le mouton mérinos sur toute la surface des prairies de l'Ouest. En moins de temps que cela, nous avons acquis et perfectionné les courtes-cornes de Durham, et maintenant nous les renvoyons dans leurs pays d'origine régénérer la souche dont ils sont sortis. Il n'y a donc rien d'aventuré à nourrir l'espoir que la race précieuse, dont nous avons tracé la lente migration d'Orient en Occident, pourra, dans un avenir plus éloigné, poursuivre sa marche jusque sur le nouveau continent.

ANNEXE C.

ADAPTATION DES LAINES

AUX DIVERS PRODUITS FABRIQUÉS.

DISCUSSION DANS LA CONVENTION DES DÉLÉGUÉS AU CONGRÈS NATIONAL DES MANUFACTURIERS DE LAINE, TENU A SYRACUSE, ÉTAT DE NEW-YORK, LE 13 DÉCEMBRE 1865.

Opinion de M. Blanchard, du Connecticut.

Les manufacturiers ont des intérêts divers. Chacun d'eux a ses aptitudes particulières. L'un est doué du goût, d'un goût cultivé, si vous voulez, pour les articles de fantaisie; il entreprendra ce genre de fabrication et en tirera satisfaction pour son propre compte, en même temps qu'il rendra service à l'intérêt public. Qu'un autre individu, n'ayant pas les mêmes aptitudes, tente une entreprise analogue, et il succombera avant qu'il soit six mois. Je connais des personnes qui ont passé presque toute leur vie à fabriquer du doskin noir, et qui, dans ce genre d'article, ont atteint une perfection presque aussi grande qu'en Allemagne. Que ces mêmes personnes se mettent à vouloir fabriquer un article bon marché, et, suivant toutes les probabilités, elles échoueront.

Or, suivant moi, le même principe peut s'appliquer aux producteurs de laine. Dans ma longue expérience, j'ai rencontré, parmi les éleveurs, des hommes ayant acquis un troupeau importé de moutons de Saxe ; ils savaient en conserver toutes les qualités supérieures, arrivaient même à les améliorer et à créer ainsi l'un des meilleurs troupeaux des Etats-Unis. Je me rappelle, en ce moment, un homme du comté de Washington, que vous avez peut-être connu, M. Samuel Patterson, dont le troupeau, sinon supérieur, était au moins l'égal de ce qu'il y avait de mieux, sous ce rapport, en Pensylvanie. Il avait l'amour de ses animaux, il avait acquis une connaissance approfondie des besoins de cette race, ce qui le guida avec certitude et le fit réussir pleinement. D'autres éleveurs préfèrent le mérinos et, en s'appliquant à se régler sur son caractère, arrivent aux mêmes succès. Enfin, nous voyons une catégorie de personnes, vivant dans le voisinage des grandes villes, qui vont au Canada ou dans quelque autre région où l'on élève des moutons de grosse espèce ; ils les achètent, les amènent chez eux, les placent dans des pâturages, les engraissent, les conduisent au marché, où ils les vendent pour la boucherie ; quoique la laine de ces moutons soit grossière, ces personnes n'en tirent pas moins avantage de ce genre d'opération sur les bêtes ovines. D'où l'on pourrait conclure que nous avons besoin de l'application des facultés variées de nos concitoyens pour la production de la matière première, aussi bien pour les manufactures de laine.

S'il en est ainsi, — et je ne présente cette observation que pour attirer sur elle l'attention des producteurs de laine, — est-il sage d'abandonner la production de la laine saxonne ? A moins de me tromper sur le sentiment général actuel parmi les éleveurs, cet abandon proviendrait de ce que la laine, que l'on désigne ordinairement sous le nom de mérinos, serait assez fine pour répondre à toutes les exigences manufacturières des Etats-Unis. Permettez-moi de dire qu'il n'en est rien. Si vous, éleveurs, vous ne voulez ou ne pouvez pas produire de la laine saxonne, nous, manufacturiers, nous serons forcés d'aller la chercher à l'étranger. Il y a certains tissus aujourd'hui que l'on ne peut fabriquer sans le secours d'un degré de finesse dans la laine, qui ne se trouve que dans la race saxonne. Quand on veut faire de la draperie très-fine, — à supposer que les manufacturiers américains aient mission de fournir les consommateurs indigènes, — il est indispensable d'avoir des laines nettes, fines, comme celles de l'Australie, du cap de Bonne-Espérance ou de l'Allemagne. Sans ces laines, pas possibilité de fabriquer les draps en question.

Encore une fois, est-il prudent, en face des besoins des fabriques, que les éleveurs abandonnent la production des laines fines? Je vois votre réponse : « Vous ne nous payez pas un prix rémunérateur, » me direz-vous. Mais moi, je vous réponds que nous vous payerons ce prix, si vous voulez vous donner la peine d'assortir vos laines et si vous les présentez aux manufacturiers qui en ont besoin dans un conditionnement aussi convenable qu'ailleurs. Il est clair que si vous allez porter votre laine saxonne à un manufacturier de casimirs de fantaisie, qui a besoin de laine mérinos de finesse moyenne, vous n'en retirerez pas le même prix qu'en l'offrant au fabricant de draperies fines de doskins et de châles fins. Pour avoir la valeur réelle de vos laines, il faut vous inquiéter de les présenter aux fabricants qui ont besoin des sortes que vous produisez. En la vendant à l'acheteur de passage, qui parcourt le pays, achetant tout indistinctement, vous n'obtiendrez pour vos laines surfines que 8 centimes de plus peut-être par livre que pour vos laines communes.

Opinion de M. John L. Hayes, du Massachussets.

Avant d'exposer quelques considérations relatives à l'utilité qu'il y aurait à accroître la production des laines de peigne en Amérique, je désire signaler quelques faits sur l'importance de l'emploi des laines dans les arts textiles. On verra, par ces faits, quels sont les besoins de cette matière première sur les marchés du monde, et quelle est la tendance de l'époque à en augmenter la consommation. Rien n'intéresse plus le producteur de laine, au point de vue pratique, que de savoir s'il y a une demande pour son produit, et si cette demande pourra croître dans des proportions telles que les prix se maintiendront, et justifieront l'application de son capital à une production augmentée.

Quand on examine cette question d'un peu près, on s'étonne en voyant quel petit nombre de matières premières la nature avare nous fournit, ou du moins combien sont peu variées celles qu'elle livre à l'homme pour les transformer. En revanche, les usages dont ces matières sont l'objet varient à l'infini dans les arts. Chaque progrès dans les arts, dans la chimie ou dans la mécanique, chaque nouveau pas accompli dans la civilisation ou dans le luxe, augmente les modes d'application et, par conséquent, élargit ou multiplie les débouchés. La demande pour un tissu ou un produit particulier des manufactures peut cesser; la demande pour les matières premières, jamais.

Au commencement de ce siècle, ou plutôt à la fin du siècle dernier, de grandes améliorations apportées aux machines de l'industrie du coton, appliquées immédiatement après à l'industrie de la laine, rendirent la demande de la seconde matière première infiniment plus active. Par les perfectionnements de la mule-jenny, par l'introduction du métier mécanique et par l'organisation de grands établissements, la puissance du manufacturier s'augmenta à un tel point, qu'il dut mettre en œuvre de plus grandes quantités de laine, ce qui commença à faire hausser le prix de celle-ci. Presque au même moment, l'usage des autres matières textiles prenait une extension égale. Il est assez curieux que le coton, regardé comme le rival de la laine, a toujours contribué à la consommation de cette dernière au lieu de la restreindre. Cela est prouvé par les statisticiens anglais, d'après lesquels les chaînes-coton ont contribué, dans une grande mesure, à augmenter l'emploi de la laine en Angleterre. Au lieu d'être un rival, le coton est bien plutôt un auxiliaire de la laine.

L'augmentation dans la consommation de la laine est frappante, quand on compare les importations anglaises à trente ans de distance.

En **1830**, la Grande-Bretagne importait, en nombres ronds :

D'Allemagne.	74,000 balles.
D'Espagne et du Portugal. .	10,000 —
Des colonies britanniques. .	8,000 —
D'autres provenances.	5,000 —
Total.	97,000 balles.

Comparons ces chiffres aux importations de **1862** et de **1864.**

Importations de 1862.

D'Australie.	226,000 balles.
Du cap de Bonne-Espérance.	66,000 —
D'Allemagne.	29,000 —
D'Espagne..	1,000 —
Du Portugal..	11,000 —
De Russie..	40,000 —
Des Grandes-Indes.	52,000 —
De l'Amérique du Sud. . . .	80,000 —
D'autres provenances.	96,000 —
Total.	601,000 balles.

Importations de 1864.

D'Australie.	302,000 balles.
Du cap de Bonne-Espérance.	68,000 —
De l'Amérique du Sud. . . .	99,000 —
D'autres provenances.	219,336 —
Total.	688,336 balles.

L'Australie fournit maintenant trois fois plus de laine à elle seule que toute la laine étrangère consommée en Angleterre en **1830**. En moins de trente ans, la consommation de ce grand pays industriel a septuplé. Sa production indigène se monte à 125 millions de kilogrammes ; qu'on y ajoute les poids d'importation, diminués de ceux d'exportation, ce qui donne net 65 millions de kilogrammes de laine importée ; qu'on y joigne enfin 32 millions de kilogrammes d'effilochages, et l'on arrivera au total gigantesque de 222 millions de kilogrammes de laine consommée en Angleterre seulement.

En France, analogie dans l'augmentation de la production et de la consommation. L'exportation des lainages, évaluée à 188 millions de francs pour 1861, monte, en 1863, à 283 millions. Même phénomène en Allemagne, en Autriche, en Russie. Bref, on calcule aujourd'hui la consommation du monde entier à 800 millions de kilogrammes, et cependant il reste à pourvoir des centaines de millions d'êtres humains, en Chine par exemple, qui commencent à peine à apprécier la valeur des étoffes de laine. Même en France, il n'y a pas longtemps que l'usage des tapis, si commun en Angleterre et en Amérique, s'est introduit.

D'après un rapport présenté à la chambre des Lords, en 1828, on se plaint d'être encombré, malgré que l'importation des laines n'ait pas dépassé 98,000 balles pendant cette année ; tous les établissements d'entrepôts sont pleins ; quelquefois les approvisionnements restent cinq à six ans en magasin. Aujourd'hui, m'écrit M. Bowes, grand négociant anglais, les entrepôts sont vides, et il n'y a pas d'approvisionnements dans les magasins, malgré les quantités énormes importées comme nous l'avons indiqué. La demande s'équilibre avec l'offre.

Quand on examine les prix, on trouve les mêmes progressions. En 1855, les toisons anglaises de laine de peigne se payaient 1 fr. 40. Ces mêmes laines se vendaient 2 fr. 70 en 1864. Une hausse analogue s'est manifestée sur les toisons d'Australie, du Cap, de Buenos-Ayres et de Cordova.

Ainsi on ne constate de baisse de prix sur aucune laine

fine; au contraire, ce prix a haussé parallèlement pour toutes les provenances.

Reste maintenant cette question : La demande pour les laines fines, relativement aux autres, continuera-t-elle ? Pour y répondre, il faut ne pas perdre de vue ce qui se passe en Australie, au Cap et dans la République argentine. Ces trois contrées, à peine entamées par le régime pastoral, produisent déjà plus de 125 millions de kilogrammes de laine fine ou métisse, envoyés sur le marché de Londres où le monde manufacturier vient s'approvisionner. Cette production, déjà si grande, ne peut qu'augmenter très-rapidement, car ces contrées ont encore à ouvrir à la race ovine des parcours et des pâturages pour ainsi dire illimités. Devant une telle perspective, il semble rationnel, pour ceux qui ne peuvent disposer ni de ces étendues ni de terres à loyers presque gratuits, de porter leur attention sur d'autres genres de laine qui n'ont pas tant à craindre de la concurrence étrangère.

Il y a encore une autre concurrence dont le producteur de laine doit tenir compte, et qui n'est connue, dans les fabriques, que depuis ce siècle. C'est celle de l'effilochage ou plutôt cette variété d'effilochage connue, en Angleterre, sous le nom de *mungo*. Le mot *effilochage* s'applique strictement à la fibre provenant des chiffons doux, tels que ceux de flanelle et de couverture. On l'employa pour la première fois en 1813, à Bately. Plus tard intervint un autre genre d'effilochage, appelé mungo, provenant des chiffons de draps, des rognures sortant des ateliers de tailleurs. Quand le mungo apparut, les fabricants de Bately ne voulurent pas croire qu'il fût possible de l'utiliser. Mais le manufacturier du Yorkshire, qui eut le premier l'idée de cet emploi, répondit avec obstination aux objections qu'on lui faisait : *it mun go* (corruption de : *it must go*, il faut que *ça marche*). Et cela marcha en effet, et une nouvelle matière première était introduite dans les arts manufacturiers, et un nouveau mot était mis au monde. Maintenant l'Angleterre consomme

32 millions de kilogrammes, tant d'effilochages que de mungo, c'est-à-dire plus que le montant de la tonte entière de l'Amérique en 1860. Elle occupe 25,000 individus à convertir cette matière en draps d'une valeur de 125 à 150 millions de francs. Le fait dont il importe de prendre note, c'est que l'effilochage ne fait concurrence qu'aux laines fines et aux laines de draperie. Dans la fabrication des étoffes façonnées (worsted), on ne peut s'en servir, car il ne peut pas remplacer les laines de peigne.

Maintenant, si nous examinons les prix, que voyons-nous? Les laines de peigne anglaises, qui, en 1855, ne valaient que 1 fr. 40 la toison, valaient 2 fr. 70 en 1864; par conséquent, elles avaient doublé de valeur en dix ans, pendant que celle des laines de carde était restée stationnaire. Voilà une indication digne de toute notre attention.

L'Angleterre est le seul pays qui se soit consacré à la production exclusive des laines longues de peigne nécessaires à la fabrication des étoffes façonnées. Elle ne peut pas produire ou elle ne produit pas de laine fine, car il n'y a pas de mérinos en Angleterre. Ce pays, d'ailleurs, avec son territoire limité, semble être parvenu à toute la production lainière dont il est susceptible, et la matière première, c'est-à-dire la laine longue de peigne, menace de manquer aux besoins manufacturiers. Aussi les fabricants de Bradford, justement alarmés, ont-ils expédié partout des circulaires afin de pousser à la production de ce genre de laine.

Les essais entrepris sous ce rapport, en Australie et au Cap, n'ont pas eu de succès. D'après M. Bowes, cité plus haut, on a cherché, à plusieurs reprises, à implanter des *leicesters*, des *cotswolds* et des *lincolns* dans ces deux colonies; tous les efforts ont été vains. Après un certain temps, la laine perdait tous ses caractères et se transformait en poil.

Mais ce qui n'est pas possible au Cap et en Australie est possible aux États-Unis. Nous avons la preuve des aptitudes de notre pays pour les laines longues de peigne par leur production parfaitement réussie au Canada, où elle a déjà atteint (1865) de 2 à 3 millions de kilogrammes. Il est vrai que, sur les marchés anglais, on ne les estime pas comme égales aux laines britanniques; mais cette différence est due à ce que, sur notre continent, on ne donne pas encore aux moutons les soins convenables, et que la toison s'y remplit de graterons, petites graines à crochet qui infestent la laine et la déprécient considérablement, à cause des difficultés que l'on éprouve à les en retirer. Tous les soins, sous ce rapport, sont admirablement entendus en Angleterre. On nettoie, on balaye même les champs qui servent au pâturage, afin d'empêcher la toison de se salir.

Les défauts que les Anglais reprochent aux laines du Canada n'empêchent nullement les manufacturiers américains de les substituer aux laines anglaises dans la fabrication de leurs tissus façonnés, et de payer 7 fr. en papier des laines qui, il y a cinq ans, se vendaient 1 fr. 40 au plus. D'autres essais comparatifs ont été faits dans la fabrication des étoffes d'alpaca, pour lesquelles la laine longue de peigne est indispensable à cause de son brillant. Ils ont prouvé que la matière anglaise n'était supérieure en rien à la matière du Canada.

Ainsi donc, nous croyons du plus haut intérêt, pour les agriculteurs américains, d'examiner s'il ne serait pas de leur intérêt d'introduire en Amérique la production des laines longues et lisses de peigne. Comment y procéder? c'est là une question qu'il ne nous appartient pas de discuter à nous autres manufacturiers. Tout ce que nous pouvons dire, c'est que ce genre de laine est de plus en plus demandé, qu'il a moins à craindre la concurrence que les laines de carde et que ses prix se maintiendront d'une façon plus durable. En ce qui touche la question de profits, il sera, sans doute, nécessaire de faire des expériences sur une large échelle ; peut-être aussi jugera-t-on convenable de développer un système de culture analogue au système quadriennal de l'Angleterre, mais modifié suivant les nécessités du sol et du climat d'Amérique.

Certaines personnes élèveront des objections contre l'introduction de la race à longue laine lisse, en disant qu'elle viendra gêner le développement de la race déjà établie. Cette objection ne me semble pas d'une grande force. Selon toute probabilité, cette race ne s'implantera que dans les localités où il y a demande de viande de mouton, et où la viande, par conséquent, sera un objet de production d'une valeur égale à la laine. Loin de contrarier l'élevage de la race établie, la race nouvelle stimulera la consommation de laines mérinos comme celles que produisent les éleveurs du Vermont, car les laines mérinos et les laines longues lisses de peigne, comme on les a en Angleterre, sont indispensables à la fabrication des étoffes façonnées, de cette variété infinie de tissus et de garnitures pour les vêtements de femmes, industrie tout à fait dans l'enfance en Amérique.

Opinion de M. Bond, du Massachussets.

Un grand besoin se fait sentir ; il est devenu nécessaire d'étudier avec soin, scientifiquement et pratiquement, l'influence du climat et du sol sur la laine. Nous savons tous, plus ou moins vaguement, que ces influences existent et qu'elles sont immenses; mais quelles sont leur nature et leur intensité, c'est ce qu'on ne sait pas, ni ici ni ailleurs. Lorsque le professeur Agassiz fonda son muséum de zoologie comparée, il avait l'intention de soumettre ce sujet si important à une série de recherches. Mais son plan était si vaste, qu'il n'avait pas même pu commencer à le mettre à exécution quand la guerre éclata. Cette guerre lui enleva un grand nombre de jeunes gens sur lesquels il comptait pour aborder ce terrain encore si peu exploré. Espérons, lorsque la paix sera venue, qu'il pourra reprendre des études devenues indispensables dans l'intérêt de l'agriculture et de l'industrie. Espérons aussi que l'Institut technologique joindra ses efforts aux siens, et que l'un et l'autre apporteront dans ces matières les lumières qui manquent aux arts pratiques.

ANNEXE D.

LES BÊTES A LAINE FRANÇAISES

A L'EXPOSITION UNIVERSELLE DE 1867,

JUGÉES PAR LES DÉLÉGUÉS DE LA PRUSSE.

A. Généralités,

PAS ELSNER DE GRONOW-KALINOWITZ.

Relativement à l'élève du mouton, l'Exposition universelle de Paris, y compris Billancourt et Poissy, n'a nullement montré ce que l'on exige d'une Exposition universelle. Il n'y a pas une exhibition de moutons, que ce soit en Silésie ou à Battersea, Hambourg ou Stettin, où l'on ne rencontre mieux, plus, et infiniment plus d'enseignements.

On peut dire que les nations étrangères, que les différentes souches ovines n'étaient pas représentées, et l'on n'a eu sous les yeux que des échantillons des travaux des éleveurs français. En ce qui concerne les animaux d'engrais, qui se rapprochent beaucoup des types anglais, les éleveurs français ont notablement progressé. On a pu voir, à Poissy, un certain nombre de bêtes qui auraient pu occuper une place honorable dans une exposition anglaise. Sous ce rapport, les Français nous devancent, tandis qu'ils sont très-loin de nous sous le rapport de la production de la laine.

En examinant les animaux de boucherie, nous avons remarqué que *toutes les races à tête et à extrémités noires*, comme les southdowns, les oxfordshire-downs, les hampshiredowns, *étaient mieux conformées et plus faciles à engraisser que les races à tête et à extrémités blanches.*

Les animaux gras de race française, à côté de leur taille

et de leur poids, montraient d'une manière frappante les graves défauts de leur conformation, car ils étaient tous tondus; leurs longues jambes, la tête lourde, les côtes mal attachées, ce qui avait pour conséquence un ventre pendant, prouvent que ces moutons ne peuvent, comme bêtes de boucherie, assimiler et, conséquemment, payer convenablement la nourriture qu'on leur donne. Tout au plus peuvent-ils se maintenir dans un pays où un mauvais système d'impôt frappe les matières alimentaires introduites dans les villes, et où le droit d'entrée est prélevé par tête. Là une race grande et osseuse peut procurer peut-être au boucher un profit qu'il n'aurait pas avec des races petites, à ossature fine, plus faciles à engraisser.

Presque toutes les bêtes exposées pour leur laine appartiennent à cette racé française à laine longue, à haute taille, que l'on classe parmi les mérinos, et qui proviennent de croisements avec des animaux du pays. De tous ces prétendus mérinos, nous ne considérons comme tels que les rambouillets proprement dits; les autres ne sont, pour nous, que des métis. Comme il arrive toujours avec les moutons à laine longue, la toison de ces animaux, sans consistance, manque, plus ou moins, du caractère noble mérinos. Dans tous les troupeaux, même dans ceux de Rambouillet, quoique cette dernière ait la laine noble, il n'y a pas d'égalité dans le produit; le brin manque de franchise, ce qui caractérise toutes les races de mérinos obtenues par le croisement. Ce défaut se manifeste par le peu d'uniformité dans la longueur, dans les ondulations et dans la finesse du brin, par cette *apparence d'étoupe* à laquelle on reconnaît les moutons français.

Il n'y a pas bien longtemps que ces métis ne donnaient que fort peu de profit; ils n'ont commencé à devenir avantageux que depuis le moment où les Allemands sont venus les acheter comme reproducteurs. D'autres nations plus pratiques, les Américains du Nord par exemple, sont, depuis longtemps, édifiées sur le peu de valeur de ces animaux comme producteurs de laine.

Le troupeau de Rambouillet est le seul où nous ayons trouvé une laine de noblesse relative, ayant le droit d'invoquer la qualification de mérinos. Mais, quand on examine les sujets dont ce troupeau est formé, on n'y voit nullement cette uniformité de type qui, en Prusse, est une des conditions indispensables d'un troupeau-souche. Parmi les nombreux individus que nous avons examinés à Rambouillet, M. Lehmann-Nitsche et moi, il n'y avait que très-peu de béliers qui eussent été employés comme reproducteurs chez nous, dans le sens que nous donnons à ce mot.

Les animaux servant à fabriquer le fameux fromage de Roquefort étaient tout à fait communs; ils ne se recommandaient ni par leur laine ni par leur conformation.

B. Les mérinos français,

PAR SETTEGAST,

irecteur de l'Académie agricole de Proskau.

Je n'ai pas eu occasion, en France, de voir d'autre race que celle du mérinos; c'est pourquoi je ne puis faire un rapport que sur celle-là.

La direction imprimée, en France, à l'élevage du mouton mérinos a toujours été très-différente de celle que l'on a suivie dès l'origine, et que l'on suit encore en Allemagne. A cette circonstance uniquement doit s'attribuer le type du mérinos français actuel.

Les tribus ovines d'Espagne, qui ont fourni les éléments pour constituer la bergerie de Rambouillet, sont les mêmes d'où l'on a tiré les troupeaux modèles de la Saxe et de l'Au-

triche. Mais, en Allemagne, deux tendances ont prévalu.
Par l'une, on a surtout visé à produire la laine *la plus fine,
la plus noble* possible: par l'autre, c'est principalement la
richesse en laine que l'on a eue en vue, tout en conservant,
autant que cela se pouvait, la finesse et la noblesse du brin.
A ces deux tendances on avait subordonné le développement
physique de l'animal. En France, au contraire, c'est la constitution physique qui a été le principal objectif, et les éleveurs de Rambouillet ont cherché à créer un mérinos de
forte corpulence, de poids considérable, qui fût en même
temps plus approprié à la boucherie. Cette entreprise, en
réussissant, devait nécessairement faire sacrifier, du moins
en partie, la finesse et la noblesse de la laine, et c'est ce que
l'expérience a, en effet, démontré par la suite.

De cette divergence il est résulté ceci : c'est que, si les
laines françaises ne peuvent rivaliser avec les laines mérinos
allemandes sur le terrain de la draperie, elles se sont, néanmoins, créé des débouchés avantageux, par suite de la demande toujours croissante pour les laines de peigne. Sur ce
terrain nouveau l'avantage est manifeste, car l'Allemagne et
l'étranger ne produisent encore que fort peu de laines de
peigne, tandis que le goût du public, se dessinant de plus en
plus en faveur des étoffes façonnées, au détriment des
étoffes foulées et feutrées, rend la consommation de ces laines
de plus en plus active. Plus apte à satisfaire à ces besoins, la
race de Rambouillet présente une perspective de rende-
ments progressifs qui ne peut que justifier les préférences
que lui accordent les éleveurs français dans les conditions
économiques où ils se trouvent placés.

Hors de France, la race de Rambouillet excitait assez peu
d'attention il y a quelques années. Le Mecklembourg seul
possédait un troupeau de ces animaux, maintenus dans
toute leur pureté, depuis le commencement du siècle, à
Boldebruck. En dehors de ce pays, les antécédents et l'histoire des mérinos français étaient assez peu connus dans le
reste de l'Allemagne.

13

Ce n'est que depuis quelques années seulement que l'on a commencé à leur accorder quelque intérêt, après qu'on les eut remarqués dans quelques expositions internationales d'animaux. Leur taille colossale excitait l'étonnement, car on n'avait rien vu jusqu'alors, parmi les autres mérinos, qui se rapprochât de ces proportions inusitées. On ne pouvait pas non plus se dissimuler que le produit, en laine, des rambouillets devait être assez notable, surtout en présence des préférences toujours plus grandes de l'industrie pour les laines de peigne, qui avaient singulièrement rapproché les prix, autrefois si écartés, des laines de peigne et des laines de carde.

A côté de ces avantages, les juges compétents découvraient bien des défectuosités et des imperfections dans les mérinos français. Si leur corps était massif et lourd, les proportions manquaient de cette harmonie et de ces dispositions spéciales qui distinguent les races de boucherie anglaise, telles que les southdowns, les lincolns, les leicesters, etc. Sans doute la laine était propre au peigne, mais elle n'avait pas cette qualité maîtresse, cultivée avec prédilection par les éleveurs allemands pendant un demi-siècle, que nous nommons la *noblesse du brin*. Néanmoins, quand, au lieu de s'arrêter à l'ensemble des animaux, on étudiait les individus, on y découvrait des nuances de finesse susceptibles de répondre à des exigences plus sévères. On se disait, en outre, que la race électorale de Saxe, que la toison d'or de Silésie, que le negretti du Mecklembourg n'étaient plus en rapport avec les besoins économiques modifiés. On comprenait la nécessité de créer un animal plus pesant, plus apte à l'engraissement, et on répugnait à abandonner le mérinos, d'autant plus que les races de boucherie anglaise ne réussissaient que dans très-peu de cas à compenser d'une manière satisfaisante les frais de nourriture. Toutes ces considérations mûrement pesées, on se décida à adopter les mérinos de Rambouillet, qui, dans ces derniers temps, se répandirent promptement en Allemagne, surtout en Poméranie et en Prusse. On y organisa des bergeries où l'on réunit à grands frais les sujets les plus distingués que l'on put se procurer en France. Ces établissements firent d'excellentes affaires, car les béliers mis en vente atteignirent des prix très-élevés.

Ce qui vient d'être dit montre avec quelle attention les agriculteurs qui visitaient l'Exposition de 1867 et la France ont dû s'occuper des moutons de Rambouillet. Que les impressions aient été diverses, que les rapports sur les observations recueillies ne s'accordent pas toujours, c'est ce dont on ne s'étonnera pas en songeant que les intérêts des observateurs étaient différents. Mais, si on veut porter un jugement impartial, on est autorisé à dire que :

La culture de la laine proprement dite est médiocre en France, elle laisse aux Allemands qui voudront entreprendre l'élève des mérinos-rambouillets une marge immense où ils pourront exercer leur génie. La laine manque de noblesse et, chez la plupart des individus, elle montre une tendance inquiétante à s'emméler. Souvent aussi son caractère n'est pas assez marqué. Mais tous ces défauts disparaîtront bien vite sous la main habile de l'éleveur allemand.

D'un autre côté, on ne peut nier les qualités des laines actuelles de Rambouillet. Ces qualités sont : longueur, qui les rend susceptibles d'être peignées ; souplesse ; joli brillant ; force généralement satisfaisante ; quantité de laine assez proportionnée aux dimensions de l'animal ; enfin, suint de bonne nature et pas trop abondant.

FIN.

TABLE DES MATIÈRES.

FIN DE LA TABLE DES MATIÈRES.

Paris. — Impr. de madame veuve Bouchard-Huzard, rue de l'Éperon, 5.

9 782329 471532